도서출판 대장간은
쇠를 달구어 연장을 만들듯이
생각을 다듬어 기독교 가치관을
바르게 세우는 곳입니다.

대장간이란 이름에는
사라져가는 복음의 능력을 되살리고,
낡은 것을 새롭게 풀무질하며, 잘못된 것을
바로 세우겠다는 의지가 담겨져 있습니다.

www.daejanggan.org

사람이 크는 교육

지은이	김양호
초판발행	2013년 7월 27일
펴낸이	배용하
책임편집	이상희
등록	제364-2008-000013호
펴낸곳	도서출판 대장간
	www.daejanggan.org
등록한곳	대전광역시 동구 삼성동 285-16
편집부	전화 (042) 673-7424
영업부	전화 (042) 673-7424 전송 (042) 623-1424
ISBN	978-89-7071-299-4

이 책은 저작권법에 의해 보호를 받는 출판물입니다. 기록된 형태의 허락 없이는 무단 전재와 복제를 금합니다.

 값 8,000원

사람이 크는 교육

성경이 말하는 자녀 교육

김양호

차례

• 머리 글 | 7   • 추천의 글 | 13

• 1부 하나님 · 영성 | 17

• 암송 : 자녀교육의 첫 걸음, 성경 암송 _ 19 • 가정예배 : 참된 행복, 하나님과 소통하기 _ 22 • 신앙교육 : 신앙교육, 교회보다 가정이다 _ 25 • 영성 : 21그램의 인생을 위하여 _ 28 • 성경읽기 : 인생의 유일한 네비게이션, 성경 _ 31 • 성경공부 : 하나님을 알고 세상을 알고 _ 34 • 기도 : 순교적 삶, 기도 _ 37 • 비전 : 장래 일을 말하는 자녀들로 _ 40 • 제자도 : 어릴 때부터 예수 제자로 _ 43 • 나눔 : 사랑의 나눔, 누가 이어갈까 _ 46

• 2부 키 · 체성, 감성 | 49

• 밥 : 무엇을 먹을까는 너무도 중요하다 _ 51 • 간식 : 과자, 우리 아이를 죽이는 독극물 _ 54 • 잠 : 잠 잘자는 것도 하나님의 은총 _ 57 • 운동 : 밥 먹고 잠자듯 운동도 매일 _ 60 • 뇌 : 아침을 먹어야 뇌가 깬다 _ 63 • 마음 : 머리가 아니라 마음이다 _ 66 • 자연 : 오감 키우는 최고의 교실, 자연 _ 69 • 음악 : 음악을 즐기게 하라 _ 72 • 놀이 : 아이 정서 발달, 놀고 놀아야 _ 75 • 자존감 : 사랑받기 위해 태어난 사람 _ 78

• **3부 사람 · 인성 | 81**

• 성품 : 성공적 인생의 터 닦기, 성품 _ 83 • 친구 : 자기 목숨도 내어 놓기까지 _ 86 • 사랑 : 세상 멀리하며 세상 품으며 _ 89 • 관계성 : 성공과 행복의 열쇠, 인간 관계 _ 92 • 리더십 : 왜 세상이 바뀌지 않는가 _ 95 • 인사 : 인사가 만사 _ 98 • 집안일 : 집안일 돕는 게 공부다 _ 101 • 칭찬 : 칭찬 기술, 부모부터 배워라 _ 104 • 징계 : '손'이 아닌 '매'로 징계하라 _ 107 • 봉사 : 봉사와 자선도 가르쳐야 _ 110

• **4부 지혜 · 지성 | 113**

• 책읽기 : 세상을 바꾸는 힘, 책읽기 _ 115 • 디베이트 : 유태교육에서 배우라, 디베이트 _ 118 • 글쓰기 : 공부를 완성시키는 결론, 글쓰기 _ 121 • 여행 : 세상은 열린 학교, 길 위의 공부 _ 124 • 주도학습 : 아이 인생, 아이 스스로 살게 하라 _ 127 • 지혜 : 지혜의 두 요소, 지성과 전문성 _ 130 • 영어 : 다독영어 학습으로 바꿔야 _ 133 • TV : 영혼 파괴자, TV를 내쳐라 _ 136 • 재능 : 다중지능과 행복한 교육 _ 139 • 대안교육 : 의무교육이 의무취학은 아니다 _ 142

머리글

1. 우리 아이들의 인생에는 '공부' 밖에 없는 듯하다. 당연히 공부는 해야 하나, 생각 없이 교과서를 외우기만 한다. 학교도 부족해 학원까지 다니면서 문제집 푸느라 하루하루 귀한 청춘을 다 보낸다. 삶에서 소중하고 중요한 게 상당히 많을 텐데, 너무도 왜곡되고 뒤틀린 공부, 실상 '공부'가 되지 않는 소모적 성장기를 보내고 있다.

사람의 인격을 구성하는 여러 형질은 나이별로 자라는 게 다르다. 신체적 발육이나 감성적 크기는 특히 어릴 때 중요하게 자라난다. 지적 개체는 훨씬 나중에 발달한다. 그럼에도 우리 아이들은 우선순위가 뒤바뀌도록 강요당한다. 유치원, 어린이집 다닐 때부터 한글을 쓰게 하고 수학 문제를 풀게 한다. 종종 4살 때 천자문 마친 아이, 5살에 영어 술술 하는 아이 등으로 TV에 나와 자랑하는 부모를 보면 오히려 불안하고 불쌍해 보인다.

유치원 시절은 지적 뇌가 발달하는 시기가 아니다. 어린 아이 때는 그림 그리고 노래 부르고 사람들과 접촉하고 스킨십을 나누고 세상의 여러 현상을 찾아 눈으로 보고 함께 놀면서 그렇게 지내야 한다. 몇 년 전 아이를 어린이집에 보내려 할 때 내가 사는 도시에 국어 수학 안 가르치는 어린이집은 단 한 곳도 없다는 게 얼마나 슬펐는지 모른다. 어린 아이를 책상 앞에 앉히고 공부시키는데 마음이 앞선 부모나 이 사회 흐름에 참으로 분노가 일어난다.

'초등학교 때까지 놀게 하자, 중학교는 놀면서 공부하자, 고등학교는 공부하면서 놀자, 대학교 때는 공부하자.' 이렇게 가야한다. 그런데 우린 거꾸로다. 초등학교 아이를 놀게 해줘야 하는데, 공부하러 학원 다니기 바쁘고, 대학교 때 공부해야 하는데 고등학교 때 공부하느라 지쳐 버렸는지 그땐 별로 안한다. 정작 공부해야 할 때 공부를 다 던져 버린다. 취직시험이나 준비하는 데 그것은 공부하는 게 아니다. 그걸 공부라고 하지 않는다.

오늘날 우리나라에서 가장 세력을 떨치는 종교는 기독교가 아니다. 그리스도인도 예외 없이 대학교를 신봉한다. 겉으로는 하나님을 찾는 듯 하나, 실상 그 마음은 대학교에 많이 내준다. 세속적 가치에 휘둘려 기독교 신앙인 부모들도 자녀에게 하나님보다는 공부를 앞세우고, 남들을 이겨 성공하기를 강요한다.

약육강식의 물신 자본주의가 득세하는 시대에 학력 만능주의가 더욱 기승을 부린다. 목적을 잃은 경쟁과 적자생존의 노예 교육으로 우리 아이들은 날마다 병들어 가고, 10대 아이들이 하루가 다르게 생명까지 포기하는 지경이다.

기쁘고 행복하게 자라야할 이 땅의 아이들이 성적과 입시에 짓눌려 고통스러워하며 신음하는데, 가정은 물론 학교와 사회는 이렇다 할 대책이 없다. 부모들은 한숨을 쉬며 걱정하면서도 그 이상 생각하지 않는다. 학교 행정과 교사들은 무기력하고, 교육 관료들은 그때그때 단편적 전시 행정만 쏟아낼 뿐이다. 전문가라 하는 이들도 아이들을 위하는 척 도표를 그려가며 심각하게 새로운 제도를 내놓지만, 그들만의 편견이고, 언론은 문제에 편승하여 호들갑을 떨 뿐, 책임감은 없다.

기독교 가정들이 하나님 앞에 다시 서야 한다. 우리 부모들이 참으로 각성하여 파국으로 치닫는 우리의 교육 시스템에 거룩한 제동을 걸어야 한다. 하나님께 창조된 인생으로서 참으로 행복한 삶을 위한 원형 교육을 회복해야 한다. 타인과 함께 세상과 더불어 아름다운 공동체를 이루는 생명의 교육을 만들어야 한다.

우리 믿음의 아이들이 진정 행복하게 자라길 소원한다. 하나님의 백성으로서의 존재감과 예수 제자로서의 정체성을 어릴 때부터 분명하게 지니게 하자. 하나님나라의 비전과 사명을 갖도록 지도하고, 건강하고 사랑스러운 자녀로 자라도록 도와주는 것이 우리 부모들의 중요한 책임이다. 우선순위를 바로 하며 하나님의 말씀으로 세상의 지식과 기술도 시기를 따라 잘 준비시켜야 한다. 이 땅의 기독교 가정들마다 바른 자녀 교육으로 하나님이 기뻐하시고 필요로 하는 멋지고 신실한 새벽 이슬들이 아름답게 일어나길 기대한다.

2. 우리 아이를 제대로 키우고 교육하는 해법, 성경의 짤막한 한 구절에서 깊은 지혜를 찾을 수 있다. 하나님의 백성된 우리 아이들이 예수그리스도의 어린 시절을 또한 배우고 흉내 내는 것이야말로 가장 훌륭한 제자도이다. 누가는 예수님의 어린 시절에서 매우 중요한 교육적 가치를 탁월하게 지적한다.

"예수는 지혜와 키가 자라가며, 하나님과 사람에게 더욱 사랑스러워 가시더라." 눅2:52 이 말씀은 사람이 온전히 자라며 성장하는 데 필요한 네가지 요소를 다 담고 있다. 이 책은 네 요소를 키워드로 각각 10개씩, 모두 40여 주제에 걸쳐 써 본 것이다. 이 네 요소를 다 중요하게 아이들이 지니도록 가르칠 때, 더욱 균형있는 훌륭한 예수 제자들로 자랄 것이다. 필자는 순서를 바꿔 '하나님', '키', '사람', '지혜' 순으로 엮었다.

'하나님'은 영성 영역이다. 사람은 무엇보다 영적 존재이니 그의 인격과 삶에서 하나님이 가장 중요하다. 기독교 가정에서 영성 부분을 교회나 주일학교에만 맡겨 버리는 현실은 위험하다. 자녀에게 하나님을 가르치는 것은 가정의 부모에게 주어진 교육헌장쉐마이다. 가정예배를 매일 드리며 하나님 말씀을 같이 읽고 배우는 일에 충성해야 한다.

'키'는 체성과 감성 영역이다. 우리 신체를 잘 발육시키고 건강한 몸을 만드는 것과 오감을 비롯한 정서적 감성 능력을 발달시키는 일 또한 중요하다. 매일 하는 일이지만, 어떻게 밥을 먹어야 하는지, 잠은 어떻게 자야 하는지, 우리 아이의 기분과 감정은 어떻게 조절해 주고 무엇으로 충만케 해야 하는 지 등등 새삼스레 알아야 하고 시행할 분야는 참으로 많다.

'사람'은 인성 영역이다. 사람의 성품, 인격, 혹은 덕성이라고도 한다. 사람은 홀로 살 수 없고 다른 사람과 늘 관계하는 존재이다. 친구와의 사귐, 어른에게 인사하는 것, 다른 사람을 이끄는 리더십, 이웃을 향한 봉사활동 등등 관계성을 높이는 항목들로 좋은 인격을 지니게 해야 한다.

마지막으로 '지혜'는 지성 영역이다. 사람은 보편적으로 알아야 할 지성과 자기만의 차별화된 전문성을 길러야 한다. 학교에서 공부하고 실력을 키우는 일이 주로 여기에 해당한다. 그저 영어 수학 등 학과목에 대한 공부에 머물지 않고, 더 제대로 된 지성 계발에 눈을 넓히는 게 중요하다. 하나님께 받은 자녀의 적성과 은사를 발견하고 참으로 아이가 좋아하고 잘하는 분야에서 재능을 쌓도록 해야 한다.

3.**변방**의 작은 목회자요 무명의 글쟁이로서 처음 책을 내며 새삼 고마운 분들이 많다는 게 감사하다. 내 신앙과 삶에 튼실한 자양분을 남겨주던 수많은 선생님들과 친지, 친구들의 이름을 다 기록할 수 없다.

부족하기 그지없는 글이지만, 기꺼이 책으로 펴 준 대장간과 배용하 대표에게 감사 드린다. 대장간은 21세기 한국 신학과 출판계의 지형을 바꾸는 몇 안 되는 귀한 출판사다. 이곳에서 함께 출산하는 한 자식을 세상에 내 보내는 것은 참으로 영예로운 일이다.

돕는글추천사로 작은 글에 색칠을 가하며 빛을 흠뻑 더해 준 임경근 목사에게 또한 고마움을 드린다. 그는 우리 시대 자녀교육 운동의 가장 헌신적인 이론가요 실천가로서 그와 든든한 동역자로 지내는 것이 자랑스럽다.

부모님과도 기쁨을 같이 하고 싶다. 아버지 김학래는 글쓰기를 처음 가르쳐 주고 평생 본이 되어 주셨다. 초등학교 때 또한 나의 학교 선생이기도 하신 아버지는, 동아리 글쓰기 반을 통해 나로 하여 글을 쓰게 하고, 남 앞에서 발표하게 이끄셨다. 당신 자신이 평생 수필가로 글을 가까이 하며 여러 책을 펴낸 앞선 인생이 되어 주고, 나로 하여 그 뒤를 꾸준히 밟게 하고 닮게 하였다. 어머니 김윤자에게도 감사와 사랑을 전한다. 또한 당신이 낳은 나를 비롯한 네 자녀 모두 책을 가까이 하며 글을 쓰는 인생들로 빚으셨으니, 그의 자애와 은혜는 참으로 크고 깊다.

아내 오양주는 진실로 하나님이 내게 주신 친구요 반려자다. 좋은 날들도 많고 궂은 날도 많았는데, 언제나 변함없이 위로자요 돕는자로서 내 곁에 함께 있어 주고, 동무가 되어준 것에 참으로 고마움을 표한다. 이 책의 몫은 그녀의 것이다.

사랑하는 내 딸 김하누리에게 아빠의 자랑스런 책을 선물하게 되어 기쁘다. 할아버지와 아빠를 따라서 책읽기 좋아하듯, 이젠 글쓰기도 시작하여 장차 훌륭한 기독교 작가로 성장하길 기대해 본다. 김하누리에 대한 하나님의 빚으심이 더 깊어지길 소망한다.

사람에 대한 고마움이 많아도 하늘 은혜가 내 삶의 실상 전부인 것을 부인할 수 없다. 하나님께 영광을 돌린다. 그리고 이 책을 읽는 모든 독자에게 감사를 드리며 하나님나라 다음세대를 길러내는 책임을 도전한다.

2013년 봄, 변방의 평화광장에서
둘로스 김 양 호

추천의 글

생각이 같은 사람을 만나면 행복하다. 시간 가는 줄 모르게 밤새 얘기하고픈 사람. 김양호 목사는 나에게 그런 사람이다. 신앙이 올곧고 생각이 바르며 색깔이 분명한 사람! 책을 썼다고 하기에 꼭 읽고 싶었다. 그런데 추천사를 써 달라 하니 나에게 기쁨이다.

이 책을 읽으면서 빙그레 웃음이 나오는 것을 참을 수 없었다. 내 생각을 훔쳐간 것 같았기 때문이다. 교육을 말하는 사람이 '공부를 열심히 해라' 혹은 '공부하는 기술'을 말하지 않는다. 오히려 '많이 놀려라!', '잠을 많이 재워라!', '가정예배를 드려라!', '과자를 주지 마라!', '텔레비전을 내쳐라!', '성품을 훈련하라!', '성경을 암송하라!'는 말을 하니 놀랍다. 무슨 배짱으로 이런 책을 썼을까, 싶다. 그러나 난 그가 참 고맙다. 내가 하고 싶은 얘기를 잘 정리해 냈으니 말이다.

6년 정도 분당에 위치한 샘물기독학교를 설립하고 섬기는 일에 동참할 기회가 있었다. 무너진 교육의 영역을 바로 세워보고 싶은 바람으로 일했다. 소위 신앙 좋다는 사람을 많이 만났지만 자식 교육 앞에서는 여지없이 무너지는 모습을 많이 보았다. 입신양명立身揚名과 고지론高

地論의 대의명분大義名分 앞에 신앙은 차선으로 밀려 난다. 어떤 사람들은 신앙과 성공이라는 두 마리 토끼를 잡으려고 몸부림친다. 그들의 안타까운 몸부림은 마치 신기루를 잡으려는 것 같다. 많은 사람이 교육의 방향을 잡지 못해 허둥댄다.

이런 어른들의 혼돈스런 교육관과 세속화된 교육행위 때문에 자녀들은 희생양이 된다. 자녀들은 부모의 세속적 욕심 때문에 고통 속에 있다. 누가 그랬던가? 문제 부모는 있지만 문제아는 없다고! 아이들은 부모가 요구하는 공부라는 노동에 시달리며 고통받는다. 누가 이들의 아픔과 고통의 소리에 귀 기울고 있을까? 수많은 아이가 자살 충동을 느낄 정도로 공부 스트레스를 받으며, 안타깝게도 스스로 자신의 목숨을 끊는 일도 많다.

자녀를 죽음의 전쟁터로 몰아넣은 결과이다. 사람들은 대학이라는 것을 전쟁으로 묘사하기도 한다. '입시전쟁'에서 살아남으려면 보이지 않는 피 흘리는 전투를 해야 한다. 이스라엘 백성은 자녀를 몰렉이라는 우상에게 바쳤다. 하나님께서 그런 이스라엘 백성에게 이렇게 말씀하셨다. "네가 나를 위하여 낳은 네 자녀를 그들에게 데리고 가서 드려 제물로 삼아 불살랐느니라. 네가 네 음행을 작은 일로 여겨서 나의 자녀들을 죽여 우상에게 넘겨 불 가운데로 지나가게 하였느냐."겔16:20~21

눈여겨 볼 부분은 우리의 자녀를 '나의 자녀들'이라고 한 것이다. 우리의 자녀는 우리의 것이 아니라, 하나님의 소유이다. 이 점을 망각한 오늘 우리 부모들은 자녀들을 통해 자신의 욕망을 충족시키려 한다. 부모의 직무유기다. 부모는 하나님께 자녀를 선물로 받았다. 자녀는 부모에게 기쁨이다. 그러나 이 자녀를 하나님 나라 군사로 양육해야 한다. 하나님 나라의 화살로서 사탄의 심장을 향하도록 교육해야 한다. "젊은 자의 자식은 장사의 수중의 화살 같으니, 이것이 그의 화살통에 가득한 자는 복되도다."시127:4~5 우리 믿음의 자녀를 세속적 욕심이 아닌 성경적 가치로 양육해야 한다.

김 목사의 이 책은 균형이 돋보인다. 단순히 '영성'만이 아니라, '육체'와 '인격'과 '지성'을 총체적으로 다루기 때문이다. 전인교육全人敎育이 바로 이것 아니겠는가! 가장 완전한 인간, 예수 그리스도를 따라야 할 교육의 모델로 삼았으니 우리가 교육해야 할 목표가 분명하다. 각론은 우리의 책임이다. 그 속을 이 시대에 무엇으로 채울 것인가는 우리의 몫인 셈이다. 김 목사는 이 점에 귀한 공헌을 했다. 아무런 생각 없이 익숙함과 편리로 자녀를 교육하는 현실에 던져주는 김 목사의 팁들을 눈여겨보고 실천해 볼 만하다.

세속적 세계관에 물들어 무너져 가는 한국 교육의 현실에 당당하게 맞서 성경적 세계관으로 교육을 써내려간 개혁가가 있음이 이 시대의 희망이다. 김양호 목사는 대한민국 남단에서 한국 전체의 기독교 교육을 이끌 귀한 분이다. 이 책이 진정한 교육, 성경적 교육을 바라는 분들에게 좋은 길잡이가 될 것이라고 여기며 기쁨으로 추천한다.

경기도 용인에서
임경근 다우리교회 담임목사

1부 하나님·영성

암송

자녀 교육의 첫 걸음, 성경 암송

기독교 가정의 명품 자녀 교육, 첫 걸음은 단연 '성경 암송'이다. 사람은 밥으로만 살 수 없고, 하나님의 말씀이 있어야 산다.^{신8:3} 그러니 성경을 어릴 때부터 먹고 외우는 것이야말로 교육의 출발이다. 고금의 지혜를 집대성한 경전을 암송하는 자는 세상의 모든 학문과 지식을 더욱 쉽고 폭넓게 수용할 수 있는 실력과 능력을 구비할 수 있다.

우리가 부러워하는 유태인 교육의 비밀은 성경암송이다. 유태인은 세계 인구의 0.2퍼센트에 불과하지만, 노벨상 수상자는 30퍼센트에 이른다. 세계 최고의 실력자들이 모이는 하버드와 아이비리그 대학생 역시 3명 중 1명이 유태인이다. 그들이 공부를 남달리 잘하고 월등한 실력을 갖춘 이유는 어릴 때부터 가정에서 부모와 함께 성경을 암송했기 때문이다.

유태인들이 가정에서 성경 암송을 무엇보다 우선하는 것은 하나님이 주신 엄밀한 명령 때문이다. '쉐마shema'라고 부르는 신명기 6장 4절부터 9절은 자녀교육 헌장이다. 특히 6절에는 '이 말씀성경을 너의 마음에 새기라'고 한다. 돌이나 쇠에 글자를 새겨 넣듯이 마음에 말씀을 새겨 넣으라는 것이니, 곧 수 백, 수 천 번 읽고 암송하라는 말이다. 유태인 부모는 이를 철저히 순종하고 또 자녀에게 똑같이 시킨다.

자녀 교육에 대한 열정과 집념은 유태인들에 결코 뒤지지 않는 한국이지만, 왜 우리는 더 좋은 결과들을 보여주지 못하는 걸까. 그것은 시험 성적과 합격이라는 결과에만 치우친 암기 학습 탓이다. 눈으로 보고 기계처럼 단순 반복하는 암기 교육은 잘못된 교육이다. 유치원 때부터 이미 글자를 눈으로 보고 익히게 하는 것은 결코 창의적이고 인격적인 교육이 못되고 오히려 사람을 노예로 만드는 죽음의 교육일 뿐이다.

반면, 암송은 귀로 듣고 입으로 반복하며 말하게 하는 교육이다. 어릴 때부터 글말보다는 엄마에게 몸말을 익히고 배우며 진정한 삶의 교육을 깨치는 것이다. 태중의 아기 때부터 하나님 말씀을 또박 또박 들려주라. 아이가 태어나서 점차 말을 익힐 무렵이 되면 엄마가 들려주는 하나님 말씀을 제 입으로 따라할 것이다. 성경 암송이야말로 조기교육 제 1과다.

다음세대 핵심 전략, 암송부터

한국교회의 핵심 화두는 단연 다음세대다. 여러 전략과 방법이 나오지만, 성경에 기초한 가장 역사적이고 현실적인 운동은 기독교 가정들마다 하나님의 자녀들을 하나님의 말씀을 그 마음에 새기는 것에서 시작한다. 여운학 장로가 주도하는 303 비전 꿈나무 운동은 이 시대 교회를 새롭게 하는 매우 귀한 일이다.

303 비전은 한 세대 30년, 3세대를 성경암송으로 자녀 교육하는 운동이다. 기독교 가정마다 말씀으로 길러진 예수 제자들을 100년 동안 일으켜 가정과 교회를 새롭게 하고 세상을 변화시키자는 비전이다. 이 일을 위해 어린 아이 연령별 암송 구절을 구체적으로 제시하고 이를 가정에서 암송하게 하며, 꿈나무 장학회를 설립하여 독려한다.

'성경먹이는 엄마' 최에스더는 자녀 암송 교육에 따른 반복 능력의 자질을 강조한다. "아이에게 뭔가를 가르치다 보면 그것을 첫 번에 제대로 해내는 능력은 없지만, 두 번, 세 번, 다섯 번, 열 번, 스무 번에 걸쳐서라도 완성하는데, 그 과정을 전혀 힘들어 하지 않는다. 처음 못하는 것을 당연하게 받아들이고, 반복, 또 반복해서 자기 것으로 만든다. 매일 같은 것을 연습 반복하는 것을 견디는 것, 아이의 굉장한 저력으로 보인다."

　암송은 공부를 잘하게 하는 썩 괜찮은 자질을 갖추게 한다. 학습, 곧 배운 것을 익히는 일은 반복하고 반복하는 일인데, 성경 암송은 반복의 연속이기에 그 중요한 훈련이 되는 셈이다. 유태인들이 공부를 잘하고 탁월한 실력을 갖추는 데는 실패하는 것을 두려워하거나 지루해 하지 않고, 반복하고 다시 도전하는 훈련, 즉 어릴 때부터 부단히 성경을 암송한데 있다.

　세상 모든 지식의 근본은 하나님을 경외하는 것에서 시작한다.잠 1:7 사람이 자라면서 학문과 기술을 배우려고 공부를 하는데, 그 출발은 하나님을 아는 것이다. 그러므로 성경을 암송하고 잘 아는 어린이는 자라면서 세상의 지식과 경륜도 잘 깨우치기 마련이다. 이시대 그리스도인 가정 마다 말씀 암송의 능력이 새롭게 일어서야 할 것이다.

가정예배

참된 행복, 하나님과 소통하기

'잘 먹고 잘 산다'는 우리 속담이 있다. 하도 먹지 못하던 시대엔 삶의 가치가 모두 먹는 것으로만 치중하였다. 오죽하면 "밥 먹었습니까?"로 서로 인사나누던 우리 선조들이었을까. 하루하루 밥 한 끼 제대로 먹고 살아보는 게 꿈이고 사람 제대로 사는 것 같았던 수 천 년 궁핍의 시대를 겨우 면한 게 불과 얼마 전이다.

그렇게 오늘날 먹을 수 있는 정도를 넘어 과식, 과음으로 인한 풍요의 시대를 살게 되었는데, 여전히 잘 사는 것 같지는 않다. 아니 오히려 인간의 마음은 더 공허하고 우울해져 행복 지수는 더 낮아진다. 잘 먹는 데도 오히려 잘 살지 못하고, 못사는 셈이다.

그럼에도 현대인들, 자라는 아이들은 예외 없이 더 잘 먹고 더 세상의 재미를 누리고 싶어 안달이다. 돈이 인생의 최고 가치이고 세속의 헛된 명예와 쾌락을 즐기고 싶어 모든 시간과 에너지를 기울인다. TV와 대중매체가 쏟아내는 거짓 진리와 헛된 풍요의 사탕발림에 마음을 뺏기고 귀한 인생을 허비하는 불행한 세대다.

사랑하는 우리 자식들이 진정 가져야 할 귀한 가치는 세상의 풍요와 쾌락이 아니라 하나님이다. 몸의 양식보다 영혼의 양식을 오히려 탐해야 한다. 하나님의 양식을 먹는 자라야 진정 잘 사는 인생이다. 우리 아이의 참된 행복은 하나님과의 소통에서 온다. 돈이나 명예가 아니라 가정예배를 통해 하나님과 관계하는 것을 우리 부모들이 물려줘야 한다.

가정에서 온 가족이 함께 예배를 회복할 때, 우리 아이는 물론 가족의 삶도 생기를 되찾을 수 있다. 말씀으로 날마다 생명을 회복해야 세상의 헛된 영광이 얼마나 위험하며 세상의 성공이 얼마나 부질없는지 깨닫는다. 하나님이 진정 우리에게 요구하는 것은 마음의 가난함이며, 온전히 주님을 의뢰하고 의지하는 것만이 진정한 행복인 것을 알게 된다.

우리 자라는 아이로 하여금 사람의 힘이 아니라 하나님의 힘으로 사는 인생이 되게 하는 것은 예배를 통해서다. 가정에서 드리는 예배로 많은 시간을 하나님 앞에서 살아갈 때 진실로 이 세상을 넉넉히 살아가며 참되고 의미 있게 살아가게 한다. 세상이 강요하는 노예와도 같은 굴종과 희생에 썩히지 않고, 진실로 하나님의 자비와 자유함으로 더 진실하고 복된 인생을 구가할 것이다.

TV를 끄고 하나님께 예배하라

바쁜 현대인들은 가정에서 다함께 모여 예배할 시간이 없다고 한다. 가정의 제사장인 아버지들은 마음도 시간도 없고, 예배 인도하며 설교하는 것에 상당한 부담을 앞세운다. 그러면서도 저녁이면 온 가족이 TV 앞에서 넋을 놓고 드라마와 홈쇼핑에 시간을 소모한다. 예배의 대상을 바꿔야 한다. TV를 볼 것이 아니라 우리를 온전하게 하시는 주님을 바라보아(히12:2)야 한다. TV는 끄고 하나님 앞에 모여 앉는 것으로 우리 가정을 바꾸자.

가정예배는 인격적이고 친밀한 특성이 있으니, 꼭 교회에서 하는 것처럼 격식을 찾거나 형식에 구애될 필요가 없다. 목사가 하는 것처럼 설교하지 않아도 된다. 온 식구가 함께 성경을 돌아가며 읽고 짤막하게 삶을 나누고 기도하는 것으로 예배가 이뤄지는 게 더 은혜롭다. 식구들의 삶의 현실과 너무 거리 있는 강론은 예배를 지치게 하고 아빠도 힘들 뿐이다.

자녀의 발달 연령에 따라 예배드리는 형식이나 그 내용도 다르게 한다. 가정 형편에 맞게 격식에 구애됨 없이 예배할 수 있다. 하나님의 말씀을 새기고 함께 공감하는 내용이라면 노래 자랑하는 것으로, 글을 쓰거나 그림을 그리는 것으로, 얼마든지 다양하게 창의적으로 하나님과 함께하는 시간을 만들 수 있다.

디모데의 믿음과 신앙은 그의 할머니와 어머니에게서 시작한다. 하나님을 공경한다는 뜻의 이름처럼 디모데는 어릴 때부터 예배를 통해 하나님을 경외하는 인생으로 자란다. 장성하여 바울의 제자로 에베소 교회의 일꾼으로 사람들의 칭송을 받으며 산 디모데는 우리 믿음의 가정의 좋은 본보기다. 한국의 모든 기독교 가정마다 자녀들과 함께 예배하며 하나님을 경외하는 훈련의 경주가 일어나야 한다. 가정마다 디모데 후세대들이 길러질 때 우리의 다음세대가 온전히 세워지며 교회와 세상이 변화될 것이다.

신앙교육

신앙교육, 교회보다 가정이다

한국교회에 다음세대 위기론이 대두되고 이에 대한 여러 대안적 노력과 열심들이 나온 게 제법 오래다. 그럼에도 갈수록 상황은 더 심각한 까닭은 뭘까? 성경에서 해법을 찾기보다 세상의 잘못된 효율성, 성과주의에 연연하기 때문이다. 성경에서 그 답을 찾아야 하며 성경이 말하는 목적과 방식으로 돌아가야, 진정 건강한 다음세대가 세워질 수 있다.

다음세대 신앙교육은 공간을 교회당 중심에서 가정으로 바꿔야 하며, 시간을 주일 하루에서 주중 매일로 늘려야 한다. 지금처럼 교회와 주일학교만 가지고 시스템을 거론하고 방법을 찾는 것은 한계가 많다. 주일 단 2시간 정도로 신앙 교육을 다했다고 여기는 것도 참으로 잘못된 고정관념이다. 자녀의 신앙 교육은 가정에서 매일 부모들이 책임 있게 시행하는 것이 성경적이며 역사적으로 옳다.

구약 성경이 말하는 자녀교육 헌장, 곧 쉐마가 이를 제대로 지적하여 명령한다. 자녀에게 하나님의 말씀을 가르칠 때에 "집에 앉았을 때에든지 길을 갈 때에든지 하라"신6:7는 것은 어디서나 하라는 말이다. "누웠을 때에든지 일어날 때에든지 하라"신6:7는 것은 언제나 하라는 말이다. 자녀를 신앙으로 가르치는 일은 장소를 불문하고 시간을 불문하고 언제 어디서나 해야 하는 일이다.

신약 성경에도 의사 누가는 사도행전 10장을 통해 가정 신앙교육을 소개한다. 백부장 고넬료는 베드로를 집으로 초청하여 온 가족이 하나님의 말씀을 듣게 한다. 가정 신앙교육으로 하나님을 배울 때에 가족과 이웃 사람들에게 구원의 은총이 임하며 성령의 선물이 주어졌다. 디모데 역시 어머니와 외조모에게 어릴 때부터 신앙교육을 받았다.

역사적으로 청교도 시대엔 가정에서의 신앙교육을 중요하게 여기고 시행했다. 예일대학교를 세운 인크리스 매더Increase Mather는 아침 저녁으로 가정 예배를 드리도록 강조했다. 성경을 읽고 배우며 동시에 교리와 건전한 신앙생활, 헌신을 가르치도록 했다. 또 교회 지도자는 성도들이 가정에서 가정예배와 신앙 훈련을 잘 하도록 지도하고 감독했다.

아버지의 책임과 역할, 회복해야

성경적, 역사적으로 가정 중심으로 지탱해 온 믿음의 역사가 산업화 시대를 거치면서 쇠퇴하고 말았다. 부모는 산업 사회 활동으로 자녀는 학교 공부로 거의 모든 시간을 집 밖에서 따로 지내다 보니, 가정에서 함께 지내며 신앙교육을 소홀히 하게 되었다.

공립 학교의 발달과 함께 강화된 인본주의 교육에 효율성과 편의주의만을 생각하느라, 무방비 상태로 우리 아이들을 내어 주고 말았다. 신앙교육이라야 고작 교회의 주일학교 제도에 떠맡기고, 그것을 바쁜 현대사회에서 괜찮은 대안으로 여겨 왔다. 수 천 년 기독교 가정 중심의 신앙 교육을 불과 2백 년 남짓 사이에 모조리 세상에 내주는 형국이다.

서구 근·현대 기독교 역사와 가정의 신앙이 고스란히 한국에 전해지면서 선교사에 의해 자연스레 똑같은 형태와 내용으로 자리 잡았다. 특히 오랜 가난과 피지배로 이렇다 할 자녀교육을 하지 못했던 우리 현대사에서 서구 선교사들과 교회, 그리고 주일학교나 미션스쿨의 교육은 대단한 호응과 최고의 선택이었고 오늘까지 그 영향력은 절대적이다.

그러나 이젠 그 영향력을 우리 가정으로 되찾아 와야 한다. 우리 아이들을 누가 교육해야 하는가. 교회의 목사나 학교 선생이전에 우리 부모들이 맨 처음 대하는 가장 훌륭한 교사이다. 특별히 내 사랑하는 자녀가 하나님을 만나고 신앙을 배우는 일에 누가 주도적으로 책임 있게 가르쳐야 하는가. 마땅히 부모, 특히 아버지가 책임을 져야 할 일이다.

우리 일반 학교 교육에서도 그렇지만, 자녀를 가르치는 일에서 아버지의 역할을 회복해야 한다. 그것이 가정을 진실로 바로 세우고, 우리 교회와 학교 사회를 제대로 세우는 초석이다. 가정에서 아버지의 권위와 책임을 성경이 명시하고 명령함을 각성해야 한다. 하나님을 믿는 거룩한 아버지들이 가정에서 신실한 제사장으로 교사로 서 있을 때, 우리 아이들이 반듯하게 하나님의 사람들로 자라갈 수 있다. 우리 교회가 회복되고 다음세대가 올바르게 세워지는 기초가 된다.

영성

21그램의 인생을 위하여

사람의 영혼도 무게가 있다. 21그램. 100여년 전 미국의 맥두걸 의사가 밝혀낸 사실이다. 또한 개를 대상으로 한 실험에서는 측정되지 않은 것으로 보아 영혼이 짐승에겐 없고 사람에게만 있음을 밝혔다. 만물을 지으신 하나님은 오직 사람에게만 그의 코에 생기를 불어 넣어 사람으로 생령이 되게 하셨고^{창2:7}, 사람에게만 그 안에 심령을 지으셨다.^{슥12:1}

하나님이 창조한 모든 생명가운데 사람만 육체와 함께 영혼이 있다. 이는 인간은 다른 생명체와 달리 영혼이 중요하며 영혼의 인생으로 살아야 함을 말한다. 그러나 대다수 사람은 육신을 앞세워 살아간다. 사실은 영혼이 빈핍하고 허접하기 때문이다. 우리 몸의 21그램밖에 안되나, 실상 영혼이 건실하고 풍요로워야 한다. 그 인생이 창조자의 의도에 맞게 훌륭하고 행복한 삶을 누리는 법이다.

영성은 인간의 지, 정, 의라는 특성들의 통합이다. 하나님의 백성이며 예수 제자로서의 참 영성은 그리스도의 온전한 분량에 이르는 전인적 특징을 지닌다. 장성한 분량에 이르러 신의 성품에 도달하는 것은 세상의 지혜나 인간 스스로의 열심만으로는 불가능하다. 이는 오직 하나님이 베푸시는 은혜의 에너지를 따라서만이 할 수 있다.

종래의 IQ, EQ보다 이젠 하나님의 에너지를 말하는 SQ^{Spiritual Quotient}, 영성지수를 중요하게 이야기한다. 그리스도인은 하나님의 에너지로 살아가는 인생이다. 갈수록 기계적이고 물질 만능으로 치닫는 세상에서 진정 우리 기독 자녀들에게 더욱 필요한 것은 하나님께 오는 신령한 에너지다. 하나님이 공급해 주시는 에너지야말로 우리 아이들을 진실로 바르고 행복한 인생들로 만들 수 있다.

성경에는 많은 믿음의 사람, 하나님의 에너지로 충만한 인생들이 나온다. 모세와 아론, 미리암의 어머니인 '요게벳'도 참 남다른 영성의 소유자임을 볼 수 있다. 어려웠던 시대에 하나님의 구원 역사를 위해 헌신적으로 자녀를 낳고 양육한 믿음의 여인이었다.

하나님의 에너지로 살라

모세를 낳았을 때에 요게벳은 그 아이를 남달리 보았다. 자기 자녀를 예쁘게 보지 않는 어머니는 세상에 없지만, 요게벳은 보편적 모성애 정도가 아닌 분명 영적 통찰력으로 모세를 마음에 담았다.[행7:20] 당시 모든 사내아이를 죽이라는 왕의 명령에도 이를 거역한 것[히11:23]은, 모세는 단지 자신의 아들 정도가 아니라 하나님의 자녀로 하나님나라에 쓰일 것임을 믿음의 눈으로 보았기 때문이다.

모세를 자신의 품에서 떼어 갈대 상자에 태워 나일강에 버릴 수 있었던 것도, 하나님을 신뢰하는 대단한 영력이다. 모세가 공주의 양자였으나 요게벳이 유모로서 모세를 양육할 때에도, 단지 한 어미로서가 아니라 하나님의 영성으로 남달리 키워 내는 헌신과 충성을 다했다. 히브리 민족을 구원하는 위대한 일군 모세, 아론 형제에게는 믿음의 어머니, 요게벳의 뛰어난 영성이 큰 밑거름이었다.

오늘 우리 그리스도인 부모들에게 요게벳의 믿음과 영성이 긴요하다. 세상의 헛되고 부질없는 욕망이 아니라, 하나님나라의 가난한 영성이 인격과 삶에 녹아서 하나님의 마음으로 우리 아이들을 대하며 하나님나라의 큰 일꾼으로 자녀들을 키워야 한다.

    오늘 교회의 중직자 부모들은 지성과 감성 못지않게 자녀의 영성을 고양하는 일을 게을리 해선 안 된다. 학교 시험이 있다고, 고 3이라고 교회 주일 예배를 등한시하고 도서관이나 학원가서 공부하라는 것은 매우 잘못된 일이며 오히려 우리 자녀를 망치는 일이다.

    요게벳의 믿음과 삶을 따라 부모들부터 남다른 신앙과 영성을 지니고 자녀들을 대하며 길러야 한다. 아들과 딸의 심령 속에 세상의 학업이나 세상의 명예가 아닌 하나님이 자리하도록 가르쳐야 한다. 하나님을 무엇보다 사랑하며 하나님 중심으로 인생을 꾸리고 살아가도록 해야 한다. 우리 모든 그리스도 가정의 자녀들은 21그램 영혼의 무게를 중히 여겨, 신령한 영혼을 지니고 영성 깊은 하나님의 인생들로 자라야 한다. 하나님의 눈으로 세상을 보고 하나님의 뜻을 따라 세상 변혁에 힘쓰는 인생들이길 소망해 본다.

성경읽기

인생의 유일한 네비게이션, 성경

차를 타고 어디를 가든 이젠 네비게이션의 도움을 얻는다. 차 시동을 켜면 어김없이 그 다음엔 네비게이션을 열어 목적지를 찾는다. 하물며 삶의 행로를 걸어가는 인생에도 목적지는 있을 터이며, 누구든지 각자 다른 로드맵은 분명 있을 것이다. 그리스도인에겐 성경이야말로 인생의 유일하면서도 참된 안내 표지이다.

그러니 멋지고 훌륭한 인생을 살려면 반드시 성경을 가까이 해야 한다. 말씀을 읽고 말씀을 따라 사는 이는 참으로 성공적이며 행복한 인생을 살 것이다. "이 율법 책을 네 입에서 떠나지 말게 하며 주야로 그것을 묵상하여 그 안에 기록된 대로 다 지켜 행하라. 그리하면 네 길이 평탄하게 될 것이며, 네가 형통하리라."수1:8

'독서백편의자현讀書百遍義自見', 책을 백 번 읽으면 그 뜻이 절로 이해된다는 말이다. 한 번 책 읽기도 쉽지 않은 세상에 일 백 번 씩이나 읽어야 할 게 있다면 그것은 단연 성경이다. 우리 자녀들이 하나님의 사람들로 복되고 뜻깊은 인생을 살아가려면 성경을 부단히 읽고 묵상하며 잘 알아야 하기 때문이다.

가까이 하는 친구 목사네 큰 딸은 중 3인데 현재 성경을 25독 중이다. 초등학교 1학년 때부터 성경을 읽도록 지도하여 상당한 성경 독서를 이뤄 왔는데, 지금도 매일 10장 정도씩 읽는다. 두 동생들도 성경을 읽도록 해오는데, 항상 소리 내어서 읽도록 특별히 강조한다. 어릴 때부터 꾸준하게 성경을 읽는 습관이 지금은 성품이나 학업에서도 확실히 좋은 영향력을 갖는 것을 볼 수 있다.

성경은 이처럼 소리 내서 읽는 음독이 가장 역사적이고 전통적이며 좋은 방법이다. '성경 묵상'에서 '묵상'이란 '중얼거린다'는 뜻이다. 머리가 아닌 몸으로 소리 내서 읽는 것을 뜻한다. 복 있는 사람은 주야로 말씀을 소리 내어 읽는 사람이다. 유대인들이 서서 몸을 흔들며 말씀을 읽는 모습은 성경을 알고 가까이하는 가장 좋은 방법의 전형이다.

성경의 사람, 하나님의 인생

성경은 하나님의 말씀이다. 하나님의 뜻, 하나님의 마음이 고스란히 담겨있다. 성경을 통해서 만이 하나님의 창조질서와 통치를 알 수 있다. 또한 성경 자체가 인류의 역사이다. 오랜 인류 문화 역사에 대한 질문과 답을 다 가지고 있다.

성경은 우리 아이들이 공부하는 목적과 방향을 일러주고 세상을 더욱 의미 있게 준비하도록 이끈다. 성경의 눈으로 세상을 보며 성경적 관점으로 인생을 꾸리게 하는 것이다. 마틴 루터는 로마서를 읽다가 눈이 열렸다. 잘못된 고행과 신앙으로 죽어있던 가톨릭에서 믿음의 도리와 하나님의 의를 발견하고 종교개혁의 역사를 일으켰다.

성경은 우리로 하여금 세상의 것이 아닌 성경의 진리로 살게 한다. 넓지만 멸망의 문으로 달려가는 대다수 인생에서, 좁으나 진실로 생명인 길로 걸어가는 인생이 되게 한다. 인생을 바꾸고 세상을 변혁하는 하나님의 사람들은, 한결같이 성경에서 지혜를 얻고 선한 결실을 맺는 법이다.

한국의 필립 얀시로 존경받는 김기현 목사는 『성경독서법』을 통해 특별히 청소년들에게 좋은 성경 읽기를 안내 한다. 비단 10대 뿐만 아니라 부모에게도 이보다 쉽고 좋은 성경 독서법은 없을 듯하다. 12쪽지로 이뤄진 안내 지도를 따라 부모와 자녀가 함께 성경 읽는 것을 가정의 중요한 일과로 만들어 보라. 성경 읽기에 대한 거룩한 꿈을 품고 가이드의 도움을 따라 도전할 때 우리 가정이 하나님의 가정으로 변해 갈 것이다.

우리 자녀들로 성경 백독의 인생을 살게 하자. 성경을 읽을 때에 다른 길로 가지 않고 바르고 곧게 목적지로 달려가는 인생이 될 것이다. 하나님의 말씀을 지닌 믿음의 자녀들을 통해 세상 변혁의 역사가 일어날 것이다. 성경의 사람, 하나님의 인생들로 평화의 하나님나라가 세상 가운데 펼쳐질 것을 소망한다. "이러므로 우리가 하나님께 끊임없이 감사함은 너희가 우리에게 들은 바 하나님의 말씀을 받을 때에 사람의 말로 받지 아니하고 하나님의 말씀으로 받음이니 진실로 그러하도다. 이 말씀이 또한 너희 믿는 자 가운데에서 역사하느니라."살전2:13

성경공부

하나님을 알고 세상을 알고

평생교육, 사람은 이제 죽을 때까지 공부해야 하는 시대다. 산업화 시대엔 청소년기에 배운 지식과 기술만으로도 충분했을지 몰라도, 지식정보화 사회를 사는 인생은 배우는 일을 소홀히 할 수 없다. 배움은 이제 단거리 경주가 아닌 마라톤인 셈이다.

평생 지속해야 할 공부를 우리 한국의 아이들은 단거리 경주하듯 한다. 시기에 맞게 천천히 페이스를 유지해야 하는데, 잘못된 조기교육 열풍으로 유치원 때부터 한글을 익히고 영어까지 해 댄다. 처음엔 호기심으로 재미있게 하지만, 초등학교 고학년에 이르면 대다수 아이들이 지쳐 버리고 재미없어 하며 공부를 포기하는 지경에 이른다.

유대인들은 책을 읽고 공부하는 것을 평생 재미있어 하고 가까이 하는 남다른 비밀이 있다. 부모나 교사가 아이들에게 알파벳을 처음 가르칠 때, 손가락에 꿀을 찍어서 히브리 문자를 쓰게 하고 그 손가락을 빨아 먹게 한다. 이는 곧 문자와 책에 대한 달콤함과 즐거운 이미지를 어린 시절 처음 공부하면서부터 각인시켜 주는 것이다.

유대 아이들은 문자를 익히기 전에 이미 부모의 도움으로 숱하게 암송해 온 하나님 말씀, 곧 아이에게 내면화 된 성경을 이제 글자로 써 나가면서, 하나님 말씀을 꿀처럼 자연스레 여기고 귀히 여기며 이를 평생 가까이 한다. 그러니 성경을 꿀과 송이꿀보다 더 달게시19:10 느끼는 것은 유대인들에겐 빈말이 아니다.

유대인들은 일평생 성경을 늘 달게 읽고 배운다. 세계적으로 우수하며 남다른 자질을 갖게 한 원천이다. 사람의 눈을 밝게 하고 온전케 하는 하나님의 말씀으로 어릴 때부터 그들의 인생을 빚고 채우기 때문이다. 창조 세계의 숨은 뜻과 비밀이 성경에 다 있으니 마땅히 우리 아이들도 성경을 늘 달게 읽고 배우게 하자. 하나님의 의지에 합당한 인생이 될 것이며 세상이 주지 못하는 참 성공자로 살아갈 것이다.

집에서 성경 가르치기

성경은 반드시 부모가 가르쳐야 한다. 가정에서부터 시작하는 일이며, 거의 매일 규칙적으로 해야 하는 일이다. 학교 교사가 학과목에 대한 커리큘럼을 파악하고 수업지도안을 준비하듯이, 아버지는 자녀의 성경 교육을 위한 준비를 늘 해야 한다. 영어나 수학 등 교과목 못지않게 우리 자녀들에겐 성경 수업이 중요한 교과이다.

성경 교육을 통해 자녀로 복음을 받아들이게 해야 한다. 하나님은 인간에게 하나님의 목적과 구원을 주시기 원하며 이를 고스란히 성경에 담았기 때문이다. 우리 자녀의 믿음은 "들음에서 나며 들음은 그리스도의 말씀으로 말미암는다."롬10:17 아이에게 복음을 듣게 하는 가장 좋은 방법은 바로 성경 수업이다.

성경 수업은 하나님의 세상 창조와 통치 목적을 잘 파악하도록 역사적이면서도 구체적이어야 한다. 성경이 하나님의 구원 사역과 그 방법을 중요하면서도 자세히 말하기 때문이다. 하나님에 의해 창조된 모든 피조 세계에 대한 이치를 구체적이면서도 인격적으로 알고 느끼도록 지도해야 한다.

성경 연구는 성경의 여러 교리나 역사에 대한 것도 포함하여 아이들이 배우도록 해야 한다. 최근 기독교 홈스쿨이나 기독대안학교 등지에서 활용하는 성경의 통일적 흐름에 대한 지도서나, 성경 연대기 교육 등은 우리 아이들에게 참으로 중요한 내용을 담고 있다.

성경은 완전 무결하며 정확한 말씀으로 읽고 배우도록 해야 한다. 성경을 아는 것이 '지식의 근본잠1:7' 이며, '지혜의 근본잠9:10' 이다. 세상의 지식과 지혜가 성경에서 시작하니, 우리 아이들이 학교 생활도 잘하고 세상에서 제대로 살기를 바란다면 마땅히 성경을 열심히 공부할 일이다.

자녀에게 성경을 잘 가르치도록 교사인 부모가 먼저 성경 공부에 열심을 내야 한다. 성경에 대한 이해가 지속적으로 넓어지고 깊어져야 자녀들에게 좋은 성경 교사가 된다. 성경이 가져다주는 능력과 삶의 기쁨이 부모에게 있다면, 우리 아이들도 하나님의 말씀을 송이꿀처럼 달게 여기며 평생에 걸쳐 하나님 말씀을 공부할 것이다.

기도

순교적 삶, 기도

자녀를 위한 부모들의 기도는 가히 순교에 가깝다. 반대로 부모를 위해 기도하는 자녀는 그리 많지 않다. 기도를 가르치지 않기 때문이다. 자신이 기도하는 만큼 자녀들도 기도하도록 지도하고 독려해야 한다.

아이들이 너무 어리다고만 생각하고 미뤄둘 일이 아니다. 기도는 하나님께 하는 것이며 하나님이 받으시는 것이다. 어른이 보기에 서툴고 답답하게 여겨질 지라도 하나님은 그리 생각하지 않으실 터이다. 아무리 어린 자녀라도 순수함과 진실함으로 아뢰며 기도하는 것을 하나님은 기쁘게 받으실 것이다. 가정과 학교를 위해 또 교회와 세상을 위해 하나님께 소망을 빌고 기도할 줄 아는 자녀가 되도록 가르쳐야 한다.

기도는 자녀가 하나님과 만나는 중요한 통로이다. 성경을 통해 하나님을 알아가고 기도를 통해 하나님과 대화하며 영적 교감을 나눈다. 마치 엄마 아빠와 대화 나누듯, 친구들과 이야기 나누듯, 하나님과도 묻고 대답하며 대화하는 법을 자연스레 익히도록 지도해야 한다. 하나님의 진실한 용사로 크는 가장 중요한 덕목은 기도하는 일이니 말이다.

아무래도 가정의 부모와 가장 가까이 지내니 기도 제목 또한 부모 문제가 대표적일 것이다. 아빠는 회사에서 무슨 일을 맡고 있으며, 새롭게 추진하는 프로젝트가 무엇인지 자주 알려주며 자녀에게 기도해 주길 요청해야 한다. 엄마도 가정의 대소사를 함께 이야기 해주며 좋은 일, 어려운 일을 말해 주고 기도해 주길 부탁해야 한다.

부모의 고민과 가정의 행복을 위해 하나님께 자기 입으로 기도하는 자녀는 참으로 복이 있다. 가족 구성원으로서의 자부심과 아이의 자존감을 높이며 가족 구성원의 친밀한 공동체 형성에 선한 영향을 줄 것이다. 기도하는 아이는 분명 더욱 인격이 성숙하며 사람과 세상에 대한 넓은 이해와 안목을 지닐 수 있다. 더욱 순수하고 진실하게 기도하는 아이를 통해 하나님께서는 기꺼이 좋은 것으로 응답해 주시길 기뻐하신다.

세상을 바꾸는 기도

성경에서 찾는 좋은 기도의 모델 중 하나는 다니엘이다. 세상을 지배하는 페르시아 제국에서 그의 기도는 생명을 내놓고 하는 일이었다. 다니엘을 시기하고 적대하는 세력들의 궤계로 한 달 동안 기도하는 것을 금지하는 조서가 공포되었다. 현실에 순응해서 기도를 멈춰야 할지, 거부하면서까지 하나님께 기도해야 할 지, 둘 중 하나만을 선택해야 할 때 다니엘은 기꺼이 후자를 감행했다.

실정법에 따라 사자굴에 던져지는 형벌을 당하나 세상 나라보다 하나님의 통치를 우선하며, 세상이 아닌 하나님께만 생명과 충성을 다하는 그의 삶이 결국은 승리를 가져왔다. 목숨을 건 그의 기도로 말미암아 이 세상에서 통용되는 수많은 제도나 법이 얼마나 잘못되었으며, 하나님에 반하는 악한 것들인지가 드러났다. 잘못된 세상을 거룩한 하나님나라로 변혁시키는 무기는 단연 그 백성의 순교적 기도에 있다.

우리 믿음의 자녀들로 하여 하나님나라 거룩한 백성으로서 살아가게 하는 힘의 기초는 말씀과 함께 기도생활이어야 한다. 현 시대는 참으로 바쁘고 너무나 달콤한 문화와 삶의 내용으로 차고 넘친다. 그러나 이 세상이 추구하는 뒤틀린 가치와 결국은 멸망으로 치닫는 넓고 큰 문일 뿐이다. 하나님을 거스르는 이 땅을 회복하며 생명 일렁이는 세상으로 바꿔야 한다. 그 책임의 몫이 우리 기독교 자녀들에게 있고 그 중요한 전략은 기도운동 뿐이다.

하루에 세 번씩 기도하는 다니엘. 참으로 요즘세상에선 초인적이고 가히 순교에 가까운 일이다. 그의 모범을 따라 적어도 잠자기 전 부모들이 자녀들의 손을 잡고 기도하는 시간을 가져 보자. 매일 저녁 꾸준하고도 지속적으로 함께 하는 것은 그 자체로 성실과 인내를 쌓는 좋은 훈련이며 가족의 친밀감을 다지는 호기다. 습관적으로 기도 시간을 지키고 충성하는 것은 하나님께 대한 백성으로서의 좋은 태도이며 동시에 개인과 가족에게 놀랍도록 신비한 영력을 가져다준다.

"구하라 그리하면 너희에게 주실 것이요, 찾으라 그리하면 찾아낼 것이요, 문을 두드리라 그리하면 너희에게 열릴 것이니, 구하는 이마다 받을 것이요, 찾는 이는 찾아낼 것이요, 두드리는 이에게는 열릴 것이니라."마7:7~8

비전

장래 일을 말하는 자녀들로

한국의 아이들은 전 세계에서 가장 많은 시간을 공부하는 데 몰두한다. 학교에서 뿐만 아니라 방과 후에도 저녁 늦게까지 학원과 도서관을 다니며 문제 풀이에 매진한다. 조기교육 열풍에 5~6살만 되어도 글자를 익히고 수학 문제를 풀기 시작하는 게 우리나라다.

국제학업성취도평가PISA는 늘 세계 최상위이며 미국 아이비리그 대학에도 곧잘 입학하는 능력을 보이는 우리 아이들이다. 그런데 정작 문제는 왜 그리도 열심히 공부하는지 무슨 목적으로 낮밤을 가리지 않고 책과 씨름했는지를 너무도 모른 채 자라간다는 사실이다.

남들이 부러워하는 미 명문 사립대학 입학생들이 학기 도중 졸업도 못하고 중도 포기하는 때가 많다. 그저 좋은 대학에 합격하는 게 목표였다. 인생에 대한 더 이상의 큰 비전도 목표도 생각해 본 적 없으니 대학 생활이 제대로 될 리 없다.

어디 공부를 잘하고 열심히 인생을 준비하는 아이들뿐이랴, 설사 초·중등 시절을 보내는 대다수 아이들에겐 인생의 궁극적 비전이 없다. 삶의 목표도 모호하고 불분명하다. 세상을 품고 거룩한 푯대를 향해 나가는 인생의 로드맵이 없는 게 오늘 우리 아이들의 불행한 현실이다.

우리 아이들에게 무엇보다 삶의 비전을 갖게 해줘야 한다. 이 세상의 창조주를 알며 하나님의 자녀로서 조물주의 경영 철학과 시스템을 이해하는 것보다 중요한 것은 없다. 하나님나라의 위대한 비전을 지니고 분명한 목적과 목표를 설정하고 있어야 한다. 그래야 무엇을 어떻게 공부하며 인생을 준비할지 바르게 이해하고 열심을 낼 수 있기 때문이다.

아이의 비전 세우기는 역시 부모에게 가장 큰 책임이 달려 있다. 자녀의 삶의 방향과 인생의 질을 좌우하는 것은 늘 보고 배우는 아버지의 뒷모습^{아버지 요인, Father Factor}이다. 부모가 하나님 앞에서 어떻게 살아가는 지, 무엇을 중요하게 여기는지 하나하나의 모습이 고스란히 아이의 장래 설계에 영향을 준다.

우리 아이 비전 세우기

비전은 소명과 사명이 중요하다. 자신의 존재 이유를 알며 부르심의 대상을 분명하게 이해하는 것에서 비전은 시작한다. 주인 되신 하나님을 알며 그의 종 된 신분을 분명히 깨달아야 한다. 그리고 이 세상에서 호흡하며 살아가는 동안 하나님나라의 가치와 삶이 자신에게 어떻게 주어져 있는 지를 이해할 때 신실한 비전의 사람으로 살아갈 수 있다.

비전은 크게 지녀야 한다. 사람은 자기가 생각하고 도달하려는 높이까지만 성장한다. 비전이 크고 원대할수록 더 위대한 성취를 달성할 수 있다. 우리나라 우리학교에 매이지 말고, 더욱 넓고 큰 열방을 보고 지구촌 너머를 내다보도록 도와줘야 한다. 글로벌 환경에 일찍부터 노출 되도록 해외 비전트립 등을 갖게 하자.

비전은 명확해야 한다. 자신이 비전을 글로 분명하게 적어 보거나 이미지로 선명하게 그리도록 한다. 모호하고 뜬구름 잡는 식이어선 결코 현실화할 수 없다. 꿈을 현실로 만들어 낸 사람들은 어릴 때부터 늘 실제적이고 분명하게 꿈을 그리며 살아왔기 때문이다. 설계도가 잘 그려진 비전을 지니도록 하자.

인생의 큰 비전을 세웠다면, 로드맵 또한 만들어야 한다. 구체적으로 사역 분야를 정하고 이에 걸맞은 공부와 실력을 쌓도록 계획을 세운다. 더 좋은 고등교육으로 무장한다는 이유로 대학의 필요성이 나오고, 왜 학교 공부도 열심히 해야 하는지 답이 나오는 것이다. 단순히 공부하라고 다그치기보다 자신의 비전과 인생 로드맵을 잘 만들고 이뤄가도록 부모가 도와줄 때, 우리 아이들은 하나님나라의 비저너리로 멋진 인생을 만들어 갈 것이다.

시대가 혼탁하고 갈수록 어지러운 세상이다. 하늘의 진리가 아니라 이 땅의 부질없고 타락한 내용들이 온통 우리 아이들의 마음과 인생을 빼앗아 갔다. 누가 이 세상을 바꾸고 변혁할 것인가? 하나님나라의 비전을 우리 믿음의 자녀들이 지니도록 해야 한다. "내 영을 만민에게 부어 주리니 너희 자녀들이 장래 일을 말할 것이며 너희 늙은이는 꿈을 꾸며 너희 젊은이는 이상을 볼 것이라."욜2:28

제자도

어릴 때부터 예수 제자로

하나님께 사랑을 받으며 자라는 아이는 예수의 참 제자로 배우며 자라가길 힘쓰는 자녀이다. 부모와 함께 예수를 주로 고백하고 교회 공동체에서 신앙생활을 하는 우리 믿음의 아이들은 마땅히 예수의 제자로 살아가야 한다. 교회는 물론 모든 기독교 가정은 예수 제자 공동체이다. 부모가 온전한 제자의 삶을 살고, 자녀들 또한 제자의 길을 가도록 독려해야 한다.

예수의 참 제자가 되는 첫째 조건은 하나님을 자기 인생의 첫 자리로 모시는 일이다. 육친인 부모 형제 자매, 자신의 생명보다 더 하나님을 중요하게 여겨야 진정한 제자라 할 수 있다.눅14:26 자녀 이삭보다 하나님의 명령을 더 중히 여긴 아브라함처럼 우리 부모도 우리 자녀도 하나님이 삶의 기준이어야 한다.

둘째는 자기 십자가를 지고 예수님의 길을 뒤쫓는 일이다.눅14:27 자기 고집과 자아를 내려놓고, 주님이 걸어가셨던 고난의 길, 십자가의 삶을 똑같이 살아가는 것이다. 하나님을 위해서라면 늘 희생을 각오하는 인생이 진정한 주의 제자이다.

셋째는 자기 소유를 모두 버리는 삶이다.눅14:33 주님을 만난 삭개오처럼, 초대교회 성도들처럼 자기의 재산을 포기하고 가난한 자와 세상을 위해 내어 놓을 수 있는 자다. 자기 것을 내어 놓지 못하는 자는 결코 예수를 따를 수 없다.눅17:22~23

예수는 자신의 피 값으로 우릴 구원하시며 제자로 부르셨다. 우리 아이들도 주의 제자로 부르시며 사람 낚는 어부로 하나님나라의 일꾼으로 사명을 부여하셨다. "너희는 가서 모든 민족을 제자로 삼아 아버지와 아들과 성령의 이름으로 세례를 베풀고, 내가 너희에게 분부한 모든 것을 가르쳐 지키게 하라. 마28:19~20

예수를 믿는 다는 것은 단지 천국 가는 정도가 아니다. 우리는 하나님나라를 전하고 실행하는 일꾼이요, 작게는 우리 가정과 지역에서 세계 열방에 이르기까지 선교사로 살아가는 주의 제자이다. 우리 아이는 주의 제자로서 가정은 물론 학교나 동네에서 늘 선교적 삶을 주의 제자로서 실행하는 것이다.

이미 보냄 받은 선교사

자녀들이 어려서부터 하늘나라 청지기로서 거룩한 선교적 삶을 살도록 교육하고 훈련하여야 한다. 아이가 매일 가는 학교는 선교현장이다. 우리 부모들은 자녀들이 좋은 학교에 가길 원하고 좋은 선생님, 좋은 친구들을 만나기를 기도한다. 그러나 생각을 바꾸고 기도를 달리 해야 한다. 우리 자녀가 좋은 학생이 되고, 좋은 친구여야 한다. 내 아이는 선생님과 친구들을 위해 아침마다 학교로 파송된 선교사이다.

부모와 자녀들이 주님의 제자로서 선교사로서 소임을 다할 때, 우리 학교나 교육현장은 바뀔 수 있다. 이기적 성적 경쟁과 뒤틀린 성공 신화에서 교육을 회복하는 길, 컨닝과 촌지 등 갖가지 비리로 뒤덮인 우리 학교 현장을 바로 세우는 것은 우리 기독 가정의 책임이다.

잘못된 성공주의와 고지론 등으로 학교 교육뿐만 아니라 한국교회 역시 함몰된 현실은 참으로 안타깝다. 남들보다 잘되어서 세상의 권위와 영향력으로 복음을 전하고 하나님나라를 이룰 수 있다는 전략은 실패했다. 한국교회가 상당한 물적 인적 자원을 가졌음에도, 세상의 소금은 커녕 오히려 교회가 부패와 타락의 웅덩이로 빠져 들고 있다. 세상의 각 방면에서 그리스도인들이 상당한 위치를 차지함에도 별로 달라진 바 없다.

기독교 기업이라면서 자기 직원, 근로자 인권 문제에 실패하고 기독교 학교라면서 투명하지 못한 재정 운영과 비리로 지탄을 받는다. 그리스도인 부모라면서 똑같이 촌지주고, 그리스도인 교사라면서 별 고민 없이 뇌물수수 한다. 예수 믿는다는 많은 사람이 아파트 값 등 부동산이나 자녀 교육 문제에서는 전혀 성경적 해답을 찾지도, 고민도 하지 않는다.

한낱 교회 성장의 도구로 퇴락한 '제자훈련'으로, 제 자리를 잃어버린 듯한 예수 제자도. 우리 가정에서부터 진실로 회복해야 할 소중한 가치이다. 성공과 축복이 아닌 진정 십자가의 예수를 온전히 따르는 진실한 제자들로 우리 아이들부터 새롭게 빚어지고 세워져 가길 함께 힘써야 한다.

나눔

사랑의 나눔, 누가 이어갈까

세상에는 자신의 소유를 나누는 이들이 많다. 평생 모은 재산을 통째로 대학교에 기부하는 할머니들의 미담이 종종 이어진다. 빌 게이츠나 워런 버핏 등 세계적 갑부들의 재산 사회 환원이 훈훈하다. 또한 기부천사라 불리는 김장훈이나 최일도 목사의 밥퍼 이야기 등 국내에서도 가슴 따뜻한 나눔 이야기는 많고도 많다.

사도행전에 나오는 초대교회는 나눔의 공동체였다.^{행4:32~35} 나눔이 있는 곳에 가난한 사람이 존재하지 않았다^{행4:34}니 참으로 놀랍고 신비로운 은총이다. 나눔을 제대로 하지 아니하였다고 아나니아와 삽비라가 죽임까지 당하는 이야기는, 하나님나라 공동체에서 나눔이 얼마나 중요한 요소인가를 역설적으로 반증한다.

나눔은 단지 물질적인 것에 그치지 않는다. 진실한 나눔은 이웃을 배려하며 이해하는 통전적 삶을 전제로 한다. 돈이나 어떤 유형의 물질만이 아니라 영적, 정서적 모든 삶을 함께하고 나누는 것이다. 기쁨과 슬픔, 고통과 어려움도 포함한다. 주는 이도 받는 이도 자아는 비우고 대신 타아로 마음을 채우고, 또한 물질도 통용하고 나눌 때 진정 가치 있고 아름다운 공동체를 만들어 갈 수 있다.

"너는 구제할 때에 오른 손이 하는 일을 왼 손이 모르게 하여 네 구제함을 은밀하게 하라"^{마6:3~4}는 가르침이 그렇다. 남에게 보이려 하거나 일방적, 시혜적이어서는 안 된다. 깊은 영적 교류 속에 지속적이며 진실한 나눔의 모습이야말로, 상대의 마음을 얻는 아름다운 선행이며 하나님의 상급마6:4을 불러일으키는 일이다.

그 어느 때보다 더더욱 '돈'이 사람들의 우상이 되고 맘몬주의가 자라나는 우리 아이들의 세계관을 온통 장악한 시대다. 소유에 대한 지나친 집착과 타락한 욕망에 현대인의 심성은 강력하게 포로되었다. 날로 강고해지는 듯한 자본주의 체제에 믿음의 자녀들까지 주눅들고 무기력해져서는 정말 안 될 일이다. 기독교 가정의 자녀들마다 뱀 같은 지혜와 비둘기 같은 순결함으로 자신을 비우고 나누는 영성을 길러 세상을 바꿔야 할 것이다.

티끌모아 태산, 공의를 위하여

거창하게 찾아볼 것 없이 집에서 쉽게 할 수 있는 것부터 해보자. 아이에게 동전 깡통을 만들어 주는 것이 좋겠다. 이름 하여 '티끌모아 태산통'. 지폐를 쓰고 남은 동전은 어김없이 이 통에 모아 담는다. 그리고 일정한 기간이 지나면 모은 동전을 이웃 복지관이나 자선 단체에 기부한다. 가정에서 어렵지 않게 할 수 있지만, 1년 동안 꾸준히 하는 것이 중요하다.

혹 아이가 한 달에 제법 용돈을 받는다면, 국제 구호단체 등에 일정하게 헌금하도록 하는 것도 좋을 것 같다. 굶주림과 질병으로 날마다 죽어가는 저 세상의 아이들이 얼마나 많은가. 제 3세계 아이들과 결연 시스템을 만들어 특정한 대상을 위해 기억하며 기도하면서, 자신의 것을 꾸준히 나누게 하는 것은 정말 좋은 나눔 훈련이다.

이런 선한 활동들은 우선 돈에 대한 가치관을 일깨워 주는 효과도 크다. 이웃에 대한 지속적 관심과 더불어 돈을 어떻게 사용하는 것이 바람직한 지를 배우게 하고 자신의 것을 나눌 수 있다는 자신감을 아이가 지니게 한다. 나눔의 삶은 이웃과 세상에 대한 이해와 존중, 감사, 관대함 그리고 하나님나라 시민으로서의 책임감까지 배우게 한다.

하나님은 가난하고 소외된 이웃을 선대하는 자에게 하나님나라를 상속하신다. 주린 사람에게 먹을 것을 주고, 목마른 사람을 마시게 하고, 나그네를 영접하며, 헐벗은 자에게 옷을 입히고, 병든 자를 돌보며, 옥에 갇힌 자를 찾아보는마25:34~40 사랑과 나눔의 삶은 곧 하나님께 하는 충성이다. 우리 아이들은 하나님 앞에 섰을 때에 양과 염소 중 어느 편에 서 있을 것인가. 자녀로 하여금 어려서부터 나눔의 기회를 자주 경험케 하고 삶에 체득하도록 가르쳐 보자.

오병이어의 기적은 한 어린이의 도시락 나눔에서 시작되었다. 물고기 두 마리, 떡 다섯 개는 그 아이의 전 재산이었다. 공동체의 필요와 예수님의 요구에 기꺼이 내어 놓은 어린 아이의 나눔이 오천 명의 굶주림을 해결하는 시작이었다. 더불어 함께 살기와 하늘의 공의를 세상에 이뤄가는 하나님 나라 공동체의 아름다운 신비, 나눔의 삶은 오늘 우리 아이들이 배워야 할 훌륭한 영성이다.

2부 Ⅵ. 체성, 감성

무엇을 먹을까는 너무도 중요하다

우리는 하나님의 성전이다. 성령이 거하시는 거룩한 존재다.^{고전 3:16~17}

성전 안에는 성물^{聖物}이 있을 뿐이니, 우리 몸도 거룩한 것으로 채워야 할 터이다. 먹고 마시는 것 등이 깨끗하고 건강해야 한다. 그러나 우리 자녀들의 먹을 거리 문제는 매우 심각하다. 눈과 입맛을 속이는 실상은 쓰레기보다 더 악독한 것들로 인류의 생명을 위협하는 죽음의 밥상투성이다.

어머니 손맛으로 이뤄진 전통 자연 식탁은 공장의 가공 식품들로 바뀌어 간다. 햄, 소시지 등 마트에서 산 포장 식품은 편리성과 효율성을 내세우며 식탁을 차지하고, 라면이나 각종 냉동 식품의 소비도 늘고 있다. 그러나 이런 인스탄트식품은 우리 입맛을 자극할지언정, 몸에 좋은 영양소는 현저히 낮다. 오히려 인체에 유해한 첨가물들로 뒤범벅되어 있다.

또한 전화만 하면 짧은 시간에 배달 오는 햄버거, 치킨, 피자, 탕수육 등등으로 우리 아이들의 입은 너무 즐겁고 그 포만감은 이루 말할 수 없다. 이런 음식들은 해로워서 비만은 물론 각종 성인병의 원인이 되며, 정신 질환과 학습 능력을 떨어뜨리기까지 하는데도, 우리 부모들은 무지하고 무감각하다.

당뇨, 고혈압이나 각종 암, 그리고 특히 태아나 아이들에게 많은 아토피 등은 사실 잘못된 생활습관, 대표적으로 음식 때문에 생긴다. 이른바 식원병食源病인데, 이를 서양의학과 약으로 치료하려니 엉터리다. 밥상을 바꾸는 것이 질병을 치료하는 것이요, 식사 습관을 고치는 것이야말로 우리 몸을 건강하게 하는 일이다.

예수는 "너희는 무엇을 먹을까 무엇을 마실까 염려하지 말고 먼저 하나님나라와 의를 구하라"고 하였다. 그러나 오늘 우리의 식탁과 음식 문화 실정을 보신 다면, 하나님나라의 백성으로서 무엇을 먹고 안 먹어야 할지에 대해 고민하고 그것부터 먼저 바꾸라고 권하실 것 같다. 거룩하게 자라야 할 우리 아이들의 건강한 밥상을 찾아 몇 가지 제안을 해본다.

생명 밥상 만들기 10계명

1. 현미와 콩을 섞은 잡곡밥을 주로 먹는다. 현미는 흰쌀에 비해 섬유질 등 영양소가 훨씬 많아 몸을 이롭게 하는 효능이 크다.
2. 음식은 꼭꼭 30~40회 이상 씹어 먹고 천천히 20분 이상 식사하도록 한다. 오래 씹는 것으로 뇌를 활성화 시키며 동시에 과식을 예방할 수 있다.
3. 식사 전후나 식사 중에는 물이나 음료수 등을 마시지 않는다. 우리 몸의 위와 소화 기관이 스스로 활동을 해서 음식을 분해하고 소화시키도록 해야 한다.
4. 반찬은 채소류 위주로 한다. 다양한 색의 채소에는 그만큼 좋은 영양소들이 들어 있다. 맛을 내는 것은 설탕보다는 죽염으로 간을 한다.
5. 우유를 마시지 않는다. 우유는 칼슘 성분도 있으나 역으

로 뼈의 칼슘을 빼내는 단백질 또한 너무 많아 오히려 관절염과 골다공증의 원인이 된다. 달걀, 육류, 생선 등 고단백질 식품을 현저히 줄인다.

6. 적게 먹는다. 아이스크림이나 정제 커피 등 후식도 삼가야 한다. 과일류 등은 오히려 식전에 먹으면 본식을 줄일 수 있다.

7. 식사 시간에는 TV를 반드시 끄고 시청하지 않으며 가족이나 친구들과 함께 대화하면서 식사한다. 전통적 밥상머리 교육은 꼭 회복해야 할 우리의 소중한 식탁문화다.

8. 먹을 만큼만 준비하고 다 먹도록 하여 음식을 남기지 않는다. 양식을 주시는 하늘에 감사하며 이웃을 배려하는 마음이 따라야 한다.

9. 가공식품, 패스트푸드 대신 로컬푸드, 슬로푸드를 먹는다. 식품의 1차 재료부터 농약이나 화학 제품에서 안전하고 제 철에 난 것을 구하는 노력이 필요하며, 조리 과정에서도 정성과 자연의 맛을 살리도록 한다.

10. 건강한 먹을거리를 위해 농, 수, 축산은 물론 식품 산업 전반에 걸친 잘못된 시스템을 바꾸고 창조적 원리에 따른 살림 밥상 운동을 전개한다.

간식

과자, 우리 아이를 죽이는 독극물

정말 의아한 것은 주일학교에서도 아이들에게 과자 봉지를 하나씩 나눠 주는 일이다. 거의 모든 한국 교회의 주일 아침 풍경 중 하나다. 기껏 예배 설교나 분반공부를 통해서 하나님나라 백성으로서의 생명과 가치를 교육하고 가르쳤을 텐데, 그러고 나서 과자 등 몸에 해로운 간식 등을 아무렇지도 않게 나눠주는 것은 앞뒤가 맞지 않은 이중적 행태다.

오늘날 자라는 우리 아이들 상당수가 육체적으로는 비만과 소아당뇨는 물론 여러 질병에 노출되고, 소위 ADHD 등 각종 정신질환에 시달리는 것은 대부분 치명적인 각종 가공 간식 때문이다. 이들 식품들이 성인은 물론 자라는 아동과 청소년들에게 절대 유해다고 여러 면에서 드러났고, 이를 경고하지만, 심각하게 자각하지 못한다. 어른 아이할 것 없이 즐겨 먹는 간식의 유해성을 인식하고 먹지 않아야 한다.

영양가는 없으면서 우리 몸에 극히 해로운 요소들을 쏟아 붓는 소위 정크 푸드Junk Food 마트에서 볼 수 있는 가공 식품들은 거의 예외 없이 이에 해당한다. 이들은 공히 필요 이상의 정제된 설탕 성분으로 당뇨를 유발하고, 트랜스 지방 등 나쁜 지방 물질로 비만을 일으키며, 갖가지 색소나 향을 담은 첨가물로 각종 암과 몸의 기능에 장애를 일으키는 주범이다.

보통 과자라고 하는 스낵 제품들은 고온의 열처리 공정에서 수많은 종류의 첨가물을 함유하여 소비자에게 당뇨 질환을 야기 시킨다. 사탕이나 초콜릿은 엄청난 설탕과 정제 물엿으로 흔히 아는 충치 문제는 물론 당 대사 기능에 심각한 장애를 일으키며, 여러 첨가물들은 뇌 기능과 세포를 현저히 소멸시킨다. 아이스크림의 유화제 같은 화학물질은 체내에 쉽게 흡수되어 쌓일 때, 몸의 대사 기능을 악화시키며 비만과 심장질환 등을 일으킨다.

이것뿐이 아니다. 영화관에서 애용하는 팝콘이나 감자튀김을 비롯해 햄이나 소시지, 가공 우유, 콜라 같은 여러 청량음료 등은 한결같이 우리 몸을 해치는 독소 식품들이다. 예일대학교 그리핀센터는 식품의 영양가치를 점수화 했는데, 대부분 채소는 가장 좋은 100점을 줬으나 과자류는 20점 이하, 감자칩 같은 가공음식 3점, 그리고 탄산음료는 최악의 1점으로 평가했음을 기억해야 한다.

최근에는 웰빙 시대에 걸맞게 웰빙 건강 음료를 표방한 신종 음료수도 쏟아져 나오는데, 결코 좋을 수 없다. MSG 무첨가를 강조하든 유기농 과자든 어느 것도 기계를 통해 대량으로 제조한 가공식품이라면 결코 안전하지 않다.

귀찮아도 간식을 만들어 주자

경제 발달과 제조 기술의 향상과 함께 우리나라 제과업계나 식품 산업도 엄청난 발달을 했다. 이는 역설적으로 우리 국민과 아이들을 부적절한 먹을거리에 처하게 하여 몸을 해치고 있다. 과자나 청량음료 등을 많이 섭취한 아이일수록 건강이 나쁘고 학업 성적이 낮으며, 각종 폭력 등 행동장애, 사회적 장애를 일으키는 비율이 높은 것으로 조사되었다.

우리 가정과 교회가 심각성을 깨닫고 바꾸려고 노력해야 한다. 아이들 간식 문제에 적잖이 어려움을 겪는 부모들이다보니, 그저 단순히 쉽고 간편하다는 이유로 공장에서 만든 제품들을 이용하곤 했다. 그러나 이젠 정말 돌아서야 한다. 사악한 궤계에서 떠나야 하며 각종 속임수로 위장한 거짓 선전들에서 벗어나야, 우리 아이들을 건강히 지켜 낼 수 있다.

불편하고 힘들고 시간이 걸리더라도 가정에서 부모가 직접 아이들을 위해 좋은 간식을 해줘야 한다. 교회에서도 어렵고 귀찮지만 자라는 다음 세대들에 대한 건강한 의식과 방향을 찾아 손수 만들어 주도록 바꿔야 한다. 빠르고 효용성만을 추구하는 잘못된 가치에서 느리고 관계성을 찾으며 회복하는 노력이 절실히 필요하다.

한 걸음 더 나아가 잘못된 식품들이 버젓히 횡행하여 사람과 사회를 망치는 세태에 대해 기독교 가정들과 교회가 침묵해서는 안된다. 나쁜 현실에 경종을 울리며 이를 바꾸는 일에 사명과 열심을 기울여야 한다. 더욱 안전하고 건강한 먹을거리를 찾아, 불매 운동 등 소비자 운동을 전개해야 한다. 식품 주권운동을 구성하여 모든 식품에 대한 연구와 조사를 하고 생산자들에게 개선책을 요구해야 한다. 우리 아이를 제대로 키우고 세상을 바꾸는 열심, 우리 가정과 교회의 책임이다.

잠

잠 잘 자는 것도 하나님의 은총

수면에 관한 연구들은 한결같이 충분한 잠이 건강과 사회성은 물론 학습에 효과가 있다고 말한다. 피츠버그대학의 다니엘 바이시 박사는 평균적으로 여성이 남성보다 더 건강하고 오래 사는 것은 그만큼 더 오래 잠을 자는 것과 관련 있음을 밝혀냈다. 같은 대학 웬디 트록셀 교수는 누군가와 함께 잠을 잔 사람이 그만큼 사회적 관계에서 안정감과 안전성을 누린다고 말했다.

지난 2011년 대한수면의학회가 인천지역 중·고생을 대상으로 한 조사에서는 성적 상위 30퍼센트 학생들이 하위 학생들보다 30분 가량 더 잠을 잔 것으로 나타났다. 미국 유타주 브리검영 대학에서도 습관적으로 새벽에 늦게 잠드는 학생일수록 학교 성적이 더 나쁘다는 것을 밝혔다. 적게 자고 밤늦도록 공부하는 것이 결코 좋지 않고 유효하지 않다.

미국수면재단이나 대한수면의학회는 성인이 평균 8시간 수면해야 하는데 비해 청소년은 9시간은 자야 한다고 주장한다. 그럼에도 우리나라 중·고생들의 수면 시간은 매우 부족하다. 재작년 조사한 인천 청소년들은 평균 6.9시간을 잔다. 이는 권장 시간에서 2시간이나 부족하다.

영국이나 미국의 일부 학교는 등교 시간을 1시간 미뤄 10시에 첫 수업을 하기도 한다. 아침 한 시간을 더 자도록 해 준 것인데, 아이들의 집중력과 성적이 나아졌다는 결과가 나왔다. 청소년의 생체리듬은 성인에 비해 그만큼 늦기 때문에 어른들이 사회에서 일을 시작하는 9시보다는 1시간 늦춰서 시작하도록 배려하는 것이다.

우리 몸은 하나님의 섭리에 의해 창조되었다. 사람이 눕고 자고 깨는 모든 것이 다 하나님의 섭리이다.시3:5 그럼에도 우리 청소년들은 제때에 잠을 청하지 못하며 늘 수면이 부족한 상태이다. 이는 개인은 물론 학교와 사회적으로 어려운 문제들을 야기하는 원인이 된다.

밤 새지 마란 말이야!

성장 호르몬은 깊은 수면가운데 정상적 분비와 촉진이 이뤄진다. 스트레스를 이완시키고 면역력을 강화하며 낮에 학습한 내용을 기억 속에 저장하는 역할을 깊은 잠이 드는 순간에 한다. 보통 저녁 10시에서 2시 사이에 이뤄지는 활동이 불충분한 잠 때문에 방해된다면 여러 부작용이 따르기 마련이다. 아이들이 밤늦도록 자지 않으면, 성장 호르몬이 제대로 나오지 못해 결국 육체적 발육은 물론 정신적 정서적 성숙에도 부정적 결과를 초래한다.

수면 부족은 필시 비만과 당뇨, 심장병 등 신체적 손상과 우울증, 집중력과 기억력 감퇴 등 학습과 정신적 장애를 유발한다. 개인의 건강과 학업 문제뿐만 아니라 타인에 대한 공격성 증가로, 인간관계에서 오는 불미스런 학교 폭력이나 여러 사회 문제들도 낳을 것이다.

아이들이 잠을 제대로 못자는 이유는 명목뿐인 야간 자율학습을 하거나 밤 늦도록 학원을 전전하여 귀가 시간이 늦기 때문이다. 집에 들어와서도 컴퓨터 게임이나 가족 구성원의 불화 등으로 잠을 못 이룬다. 따라서 야간 자율학습을 폐지하고 사교육을 줄여 학생들의 귀가 시간을 앞당겨야 한다. 집에선 부모들도 가족의 좋은 관계 형성에 노력을 기울여야 한다.

우리 사회의 밤 문화를 개선하는 것도 절실하다. 유흥업소를 비롯한 야행성 산업이 발달한 풍토는 개인의 건강한 생활을 교란하며, 가정을 해치는 반 창조적 행태이다. 하기야 교회들도 밤 늦도록 빨간 십자가를 켜놓고 있지 않은가? 교회든 사업체든 휘황한 밤의 네온사인의 불을 끄고 저녁에는 모두가 집으로 들어가 가족이 함께 쉼과 잠을 누리도록 고쳐야 한다.

좋은 숙면을 이루려면 스트레칭을 한 후 따뜻한 물로 샤워를 하면 좋다. 방은 밝아서도 안 되고 시끄러운 소음도 없으며 적정한 온도에 환기가 잘되어야 한다. 깨끗하고 포근한 이불이 있는 안온한 공간이라면 더없이 행복한 잠자리다. 물론 야식은 금물이다. 어린이는 10시 전에 중고생은 적어도 11시엔 잠자리에 들도록 습관을 들여야 한다.

그리고 하나님의 자녀라면 하루의 삶을 지켜주신 하나님께 감사하는 기도를 잊지 말아야 한다. "여호와께서는 사랑하시는 자에게는 잠을 주시는도다."시127:2b 비록 하나님은 졸지도 주무시지도 아니하실지라도, 하나님의 사람은 잠을 잘 자야 한다. 그것이 또한 하늘의 은총이기에.

운동

밥 먹고 잠자듯 운동도 매일

마라톤 42.195킬로미터를 5살 아이가 완주한다는 것은 경이롭다. 그런데 특정 한 둘이 아니라 보통의 아이들 십 수 명이, 그것도 여러 해 동안 꾸준히 새로운 녀석들이 마라톤 풀코스를 어김없이 종주한다니 대단하다. 일본 오사카 세이시 유치원생들의 실제 이야기다.

이 유치원 아이들은 아침 일찍 등원하면 항상 달리기를 한다. 원장 선생을 필두로 모든 선생과 3~5세의 원생들이 예외 없이 운동장을 달린다. 매일 3킬로미터 정도를 맨발로 달리다 보니, 3세에 입학해 5세에 졸업할 때 쯤이면 상당한 달리기 실력과 체력을 지닌다.

꾸준히 즐기면서 달리는 하루하루가 쌓이다 보니 어느새 마라톤에 도전하고 성공하는 운동능력을 모든 아이가 익힌다. 게다가 이 아이들은 종종 산에 오르기도 하여 결국 졸업반 때는 3,776미터의 후지산 등정도 해내고야 만다. 누가 어떤 생각으로 아이들을 이렇게 키워내는지 엄청 호기심을 갖지 않을 수 없다.

남다른 가르침과 지도로 어린 아이들에게 강인한 신체 능력을 지니게 하는 세이시 유치원의 교육 철학과 과학적 근거는 새겨들을 만하다. 아이들로 하여금 맨발로 달리게 하는 것은 체력과 건강뿐만 아니라 뇌 활동을 촉진케 하여 두뇌를 강화하고, 운동장을 돌고 돌며 완주하는 것을 통해 인내심과 정신적 성장을 동시에 갖게 한다.

사람은 매일 밥 먹고 잠을 자야 하듯 운동 또한 꾸준히 해줘야 한다. 그럼에도 대다수의 사람은 상대적으로 운동을 등한시 한다. 더 우려되는 것은 어린이와 청소년들이 예전에 비해 현저히 운동능력이 떨어졌다는 사실이다. 잘못된 교육만능 세태가 우리 아이들을 교실에만 가둬놓는다. 실제 공부를 잘하려면 머리가 좋아야 하고, 그러려면 어릴때 유산소 운동을 비롯하여 몸을 단련하고 가꾸는 것이 창조적 우선순위이다.

미국 시카고 네이퍼빌 고등학교의 0교시 체육수업은 좋은 사례다. 등교하여 첫 시간을 강도 높은 운동으로 시작하는 학생들이 학업 성적과 각종 비교 평가에서 타학교 학생들보다 월등한 우위를 차지하는 것은 당연하다. 그럼에도 우리나라에서는 입시 등의 핑계로 체육 수업이 밀려나고 등한시 되니 너무도 잘못가는 셈이다. 공부를 잘해야 한다면 네이퍼빌 학교처럼 오히려 체육 수업이 활성화 되어야 할 것이다.

우리 아이 체력단련, 이렇게

1. 우선 자녀 체격 지수의 변화 정도를 기록한 양육 수첩이 있어야 한다. 이 수첩은 신생아 때부터 키나 몸무게 등 신체 발육의 정도를 나이별로 기록함으로, 내 자녀가 언제 얼마나 성장했는지를 한 눈에 파악할 수 있는 매우 소중한 지표 자료다.
2. 유아기 때의 운동은 부모와의 신체 접촉을 반복적으로 자주하는 것이 필수적이고 대부분을 차지한다. 이 시기는 신체 발육과 정신 발달이 가장 강하면서도 기본적으로 촉진되는 때이므로 부모의 역할이 절대적이다. 우리 전통의 잼잼 같은 놀이는 정말 좋은 사지 발달 운동이다. 외형적 성장이 주로 중요하므로 이 시기의 운동 강도는 높지 않아야 하며, 무엇보다 흥미위주의 감각적 발달을 꾀하는

정도라야 한다. 세이시 유치원 사례는 집단적으로 시스템화 한 체계에서 능숙하게 진행하여 이뤄진 일이니, 개개 가정에서 일시에 욕심내기엔 무리한 일이다.

3. 어린아이 시절엔 다양하게 몸을 키우는 운동법을 적용케 한다. 서서히 근력을 키우도록 팔굽혀 펴기나 철봉을, 지구력을 위해 달리기, 자전거타기, 등산, 수영 같은 유산소 운동을, 유연성을 기르도록 스트레칭이나 허리운동 등을 집 안팎에서 부모가 같이 해보자. 특히 또래 아이들끼리 팀별로 나눠 축구, 야구 등을 하는 것은 종합적인 체력 단련과 함께 관계성을 키우고 규칙과 질서를 배우는 사회성 함양을 꾀할 수 있다.

4. 청소년 시기는 외형적 체격은 거의 완성되고 굳어지는 때다. 부모는 자녀의 체력 관리에 더 신경을 쓰고 주의를 환기시켜 줘야 한다. 부모의 처지에서는 어린이 때처럼 직접 같이 운동해 주기 더 어려운 상황과 시기이다. 따라서 자녀가 또래 집단과 더 친밀하고 효과적으로 관계하고 운동을 지속하여 체력 관리하도록 조언을 잊지 말아야 한다.

뇌

아침을 먹어야 뇌가 깬다

머리 좋다는 말은 이제 뇌가 좋다는 말로 바꿔어야 한다. 이성을 사랑하는 마음은 가슴에 있다고 했는데, 이젠 뇌 속에 있는 것으로 밝혀졌다. 인간의 생사를 논할 때 심장사 못지않게 뇌사 또한 중요하게 다뤄진다. 그러니 자라는 아이에게서 눈에 보이는 신체 발육 못지 않게, 보이지 않지만 뇌의 성장과 발달에도 관심을 쏟아야 한다.

아이는 천 억 개 이상의 뇌 세포를 가지고 태어난다. 이때는 아직 뇌와 뇌 간의 신경 세포를 연결해 정보를 형성하는 시냅스가 잘 발달하지 않은 상태다. 시냅스를 움직이는 것은 아이가 느끼는 자극이다. 오감으로 느끼는 수많은 자극을 통해 시냅스는 활발히 뻗어나가 신경 세포를 촘촘히 그물처럼 얽고 연결하여 뇌가 발달한다. 그러니 엄마가 아이와 늘 가까이하며 아이에게 관심을 주고 놀아주고 좋은 자극을 주는 게 중요하다.

특히 태어나서 1년 동안 뇌는 가장 폭발적으로 성장하니, 이때 엄마가 아이와 관계해 주고 잘 놀아줘야 한다. 엄마의 좋은 자극, 풍성한 자극을 받은 아이가 신체의 모든 기관이 잘 발달하고, 그 모든 경험이 고스란히 뇌에 쌓여 감성이 좋은 아이로, 대인관계가 풍성한 아이로, 머리가 뛰어나 탁월한 학업 성취를 이루는 아이로 성장해 간다.

아기가 배밀이를 하고 기어가기 시작하더니, 조금 시일이 지나면 일어서려하고 걸어가며 무언가를 잡기도 하고 던지기도 한다. 두뇌가 발달하면서 순차적으로 일어나는 일이다. 뇌가 자라며 몸의 여러 요소가 함께 자라가고 몸이 커가며 동시에 뇌 또한 성장한다. 그러니 아이의 발달 시기를 고려하여 길 때 기고, 걷기 시작할 때 걷도록 고무해야 한다. 부모가 더욱 적극적으로 이끄는 자극과 놀이는 그만큼 뇌 발달에 효과적이다.

밥을 제 때 잘 먹는 것도 뇌의 성장과 기능에 가히 절대적이다. 'breakfast' 란 '금식fast' 을 '깨뜨린다break' 는 말이다. 지난 밤사이 먹지 못한 공복 상태를 멈추고 밥을 먹는 게 아침 식사다. 간밤에 12시간 정도 먹지 못했으니 아침이면 혈당 농도가 낮아져 있고 에너지가 낮은 상태다. 새로운 하루를 시작하려면 인간의 몸은 당연히 새로운 에너지를 필요로 한다.

이젠 좌우 양뇌를 써서

심장이 하루 140칼로리의 에너지를 소비하는데 비해, 뇌는 그보다 3배 정도인 400칼로리를 소비한다. 아침 식사를 반드시 해야 하는 까닭이 여기에 있다. 수 천 억 뇌 신경세포를 제대로 움직이게 하고 정상적으로 활동을 시작하려면 아침밥을 충분히 먹고 하루를 시작해야 한다.

현대인들은 아침 식사를 제대로 하지 않는 때가 많다. 더 우려되는 것은 한창 자라고 공부에 집중해야 하는 학생들이 적지 않게 아침을 잘 먹지 않는다고 한다. 아침을 먹지 않은 아이들은 성적도 낮고 몸도 오히려 과체중이라는 보고도 있다. 아침을 잘 먹어야 등교해서 수업 참여도도 높고 지적 활동도 높으며 몸도 건강하다.

'콩' 은 두뇌에 좋은 음식이다. 대두의 성분이 뇌의 중요한 요소인 신경 전달물질을 이룬다. 또 볶은 콩을 먹는 아이는 딱딱한 콩을 씹어 먹음으로 구강 및 기관지 점막이 강한 운동을 하고 뇌에 좋은 자극과 활성을 일으킨다. 나아가 볶은 콩을 젓가락으로 집는 행위를 통해 손가락 기능을 발달시킨다. 포크를 쓰는 서양인에 비해 젓가락을 쓰는 한민족이 다섯 손가락 사용을 잘하므로 세밀한 기술력에서 앞선다. 손가락을 쓰고 입으로 먹는 반복적 행위는 뇌 발달을 위한 좋은 자극이다.

아이들이 좋은 학업 성적을 내려면 양뇌 학습을 하도록 해야 한다. 대뇌를 이루는 좌뇌와 우뇌, 양뇌를 잘 쓰는 사람이 공부나 사업에서 훨씬 좋은 결과를 드러내기 때문이다. 지금까지 학교 교육이론에서는 논리적이고 언어적인 좌뇌 중심의 교육론이 앞섰다. 그러나 뇌과학의 발달은 좌뇌 한쪽 만이 아니라 이미지와 감각적인 우뇌와 함께 동시에 사용하는 양뇌학습법을 낳고 있다. 즉 학교 공부뿐만 아니라 어떤 분야에서든지 좌, 우 양뇌를 동시에 함께 쓸때 더 좋은 결과를 얻을 수 있다.

뇌에 대한 이해가 이처럼 중요한데 부모들의 현실은 상당히 뒤떨어져 있다. 자녀가 좋은 학업 능력을 지니며 성장하길 기도하는 부모라면 뇌과학을 알아야 한다. 부모가 뇌를 이해하고 열심을 낼 때 우리 아이의 뇌도 더 건강하게 발달하며 더욱 실력 있는 학생으로 훌륭한 사회인으로 성장할 것이다.

마음

머리가 아니라 마음이다

　마시멜로 이야기는 아이 정서의 중요성을 일깨웠다. 미셸Mischel 박사는 1980년대에 만 4살 아이 200명을 대상으로 실험을 했다. 아이들이 좋아하는 과자 마시멜로를 보여주며 각자 1개씩 먹을 수 있지만, 선생이 밖에 나갔다 오는 동안 먹지 않고 기다리는 사람에겐 2개씩 주겠다고 했다.

　참지 못하고 먹어 버리는 아이도 있었고, 2개 먹을 생각에 꾹 참고 기다리는 아이도 있었다. 이 두 집단의 차이는 두드러졌다. 그들이 자라서 미국 대학수학능력시험을 봤는데, 200점에서 500점이라는 엄청난 차이를 보인 것이다.

　소위 '만족지연능력'이라는 이 실험으로 세상에 새로운 지능의 중요성을 각성시켰다. IQ Intelligence Quotient 일색에서 이젠 EQ Emotional Quotient의 중요성을 부각한 것이다.

　'정서지능' 혹은 '감정지능'은 사람의 정신 기능 중에서 가장 이르게 형성된다. 이것은 대부분 몸 밖에서부터 들어와 만들어 진다. 가장 가까이는 엄마에서 시작해서 아빠와 형제 자매 등 가족에게서 온다. 아이의 감정은 스스로 만들어 지는 것이 아니며 가까이 하는 사람과의 접촉에서 시작되니, 누구보다 부모가 중요하다.

　지식이나 기술은 자라면서 집 밖의 학교나 사회에서 얼마든지 배운다. 그러나 감정은 집 안에서, 특히 태아기 때부터 해야만 한다. 어린 아이에 대한 부모의 감정 교육이 필수적인 이유다. 부모는 아이의 피부, 눈, 표정, 말 등등 여러 감정 접촉을 통해, 아이가 평생 지니는 중요한 감성 기능을 형성케 한다. 따라서 부모 자신도 늘 일상에서 좋은 감정, 아름다운 감성을 유지하고 표현하는 것이 중요하다.

정서지능이 높은 아이는 마시멜로 실험에서도 드러났듯, 학업 성적에도 영향을 미치고 사회생활과 행복한 삶에도 절대적이다. 『부자아빠 가난한 아빠』의 로버트 기요사키는 자녀를 부유하면서도 잘 살게 하려면 감정지능을 길러주어야 한다고 말한다. 세계 최고의 투자가 워런 버핏은 감정을 통제할 수 있으면 '돈'도 통제할 수 있다고 강조한다.

아이의 마음 키우기

그러니 우리 아이가 공부도 잘하고 좋은 인생을 살게 하려면 마음을 기르는 게 필수다. 무작정 종래의 IQ에 기초한 논리와 수리 중심의 머리 공부에만 치우칠 게 아니라, 건강한 감정과 아름다운 정서를 지니도록 배려하고 도와주는 열심이 필요하다.

아이의 마음을 이해하고 키우는 데도 단계가 있다.

첫째, 아이의 감정을 인식하는 것이다. 아이의 행동 속에 숨어있는 감정을 파악해야 한다. 특히 말하는 게 서툴고 별달리 표현하지 않는 아이들의 감정은 알아차리기 어렵다. 이때는 아이에게 무슨 일이 있었는지 차분하게 물어 보아야 한다.

둘째, 아이의 감정이 도드라지거나 변화하는 순간을 포착한다. 보통 때보다 더 적극적으로 관심을 가져 주어야 한다. 자녀의 상한 마음을 민감하게 받아들이지 못하거나 방치해선 안 된다. 늘 반복되는 피곤한 일일지라도 친밀하게 아이를 상대해 주며 감정을 받아주려 노력한다.

셋째, 아이의 사정을 들어주고 공감해 준다. 긍정적이든 부정적이든 아이의 마음을 받아 주는 부모여야 한다. 아이의 감정이 치유될 때, 이전보다 더 부모를 신뢰하며 가까이 대하는 법이다. 무엇이 잘못되었고 어떻게 하면 좋을지 서로 진지하게 대화를 나눠 본다.

넷째, 감정을 있는 그대로 표현하도록 돕는다. 건강한 표현과 발산이 참 중요하다. 말로든 어떤 행동으로든 할 수 있는 한 건강하고 좋은 방법으로 속 마음을 다 내어 놓을 때 아이는 후련해진다. 상한 마음일수록 더욱 잘 내버릴 수 있다면 좋은 마무리를 지을 수 있다.

마지막 다섯째는 아이 스스로 문제를 해결하도록 챙겨주는 일이다. 아이가 바라는 기대치를 확인하고 바람직한 결과와 성취를 이뤄 나갈 것이다. 문제의 원인을 잘 되새기고, 또한 스스로 해결해 가는 과정과 효과를 통해, 이전보다 훨씬 더 건강하고 긍정적인 마음의 소유자로 자랄 것이다.

자연

오감 키우는 최고의 교실, 자연

문맹도 아니고 컴맹도 아니라고 안심하는 건 안이하다. 현대인들의 '생태맹'은 심각하고 위험스럽기 그지없다. 생태맹이란 단순히 자연 생태계에 대한 지적 능력이 부족한 것을 말하는 게 아니다. 이것은 감성 결핍의 문제다. 자연이 주는 소중하고 아름다운 것들, 신비하고 오묘한 창조적 체계를 온 몸의 감성으로 받아들이지 못하고 누리지 못한다면 생태맹에 해당하며 정말 불행한 인생이다.

도시의 현대인들 대다수는 하루 종일 아무리 걸어 다녀도 좀처럼 맨 땅을 밟기 어렵다. 콘크리트와 시멘트로 뒤덮인 인공 환경 속에서 흙을 접하지 못하며 매일 매일 지내는 것은 생태맹에 가까운 삶이다. 주말이나 공휴일에라도 상대적으로 더 열심히 산을 찾고 들판을 찾아 자연과 교감하며 정서적 공감대를 넓혀야 할 터인데, 현실은 게으름 피우기 일쑤다.

한때 '신토불이'가 유행했다. 사람의 삶과 자연 생태계의 밀접한 관련성을 이보다 더 의미있게 함축한 말은 없다. 그럼에도 민족주의와 상업주의에 가려 정작 중요한 자연과 함께하는 삶의 소중함은 간과되고 말았다.

생태적 숨이 죽어버린 도시를 탈출Exodus해야 한다. 흙이 있고, 내가 흐르며 돌멩이가 구르는 산과 들로, 식물이 자라고 동물이 오가는 자연 속으로 우리의 인식을 돌리며 발걸음을 옮겨야 한다. 나무가 자라고 숲이 숨 쉬는 곳에서 우리의 생명을 회복하며 삶의 진정한 행복을 되찾는 노력이 참으로 절실하다.

아이들을 데리고 자연으로 들어가 자연이 뿜는 무궁한 선물로 오감의 생명력을 키워야 한다. 귀를 기울여 소리의 흐름을 쫓고, 눈을 떠 빛깔의 다양함을 보며, 숨을 들이쉬고 내쉬어 공기를 순환하고, 입을 열어 여러 식물의 맛도 즐기고, 피부 곳곳에 스며들고 부딪히는 느낌 등 오감을 즐기게 하라. 어린 자녀를 자연으로 데리고 다니며 자연과 함께 하는 인생을 구비시켜 준 부모들이 있다면, 정녕 그 아이들은 훌륭한 인생으로 자랄 것이다.

도심을 떠나 자연으로

인도의 시성詩聖 타고르, 그의 문학과 인생을 키운 건 아버지가 이끄는 숲속 여행이었다. 그의 아버지는 타고르가 어릴 때부터 산과 숲으로 자주 데리고 다녔다. 숲속의 곤충과 새들의 노래 소리를 듣고, 풀잎과 만발한 꽃들이 뿜어내는 향기에 젖으며, 자연을 느끼고 맛보며 체험하였다. 12살 때는 특별히 에베레스트 산을 4개월에 걸쳐 특별히 여행하였다. 이처럼 어렸을 때부터 자주 경험한 자연과의 교감은 그에게 탁월한 문학적 감성을 불어 넣었다.

중국의 시인 소동파에겐 어머니의 자연 교육이 있었다. 동파가 어릴 때 친구들과 전쟁놀이를 한답시고 어린 묘목을 꺾자 어머니는 호되게 나무란다. 나무의 좋은 용도와 함께 나무들로 이뤄진 숲이 사람에게 끼치는 중요성을 가르쳤다. 이를 계기로 그는 반성하며 평생토록 나무를 심고 가꾸는 일을 했으며, 동시에 산수와 화초 등 자연을 노래하는 수많은 시화를 남긴다.

이처럼 자연환경 보호를 가르치며 함께하는 것은 인간의 건강한 정서 뿐 아니라 아름답고 멋진 인생을 만들어 가게 한다. 흔히들 '우리가 살아가는 이 세상과 지구 생태계는 후대에 빌려 쓴다'고 한다. 미래 뿐만 아니라 실제 지금부터 이 자연 세상의 주인은 우리 아이들이라는 말이다. 그러니 우리 어른들은 더 자연을 소중히 하며 우리 아이들이 주인으로서 어릴 때부터 자연의 소중함을 가까이에서 알고 사랑하도록, 부모들이 배려하고 많은 시간을 할애해 줘야 한다.

특별히 이젠 정착한 노는 토요일을 잘 활용할 수 있게 되었다. 부모는 직장을, 아이는 학교를 토요일은 쉬니, 주말은 온 가족이 함께 자연 속에서 지내도록 열심을 내면 좋을 것이다. 휴양지 시설이 잘 되어 있는 곳만이 아닌, 원초적 자연이 그대로 살아있는 계곡이나 숲에서, 텐트치고 야영하는 것은 더 멋진 삶이며 교육이지 않을까 싶다.

낮에는 갖가지 들풀과 나무들을 관찰하고 밤에는 반짝이는 별들을 세어가며 가족간에 꿈 이야기를 펼쳐 보라. 하나님이 만드신 자연이 사람에게 주는 풍요로운 선물들을 온 몸으로 받아 누린다면, 부모도 아이들도 감성이 놀랍도록 풍성해질 것이다. 생명에 대한 존귀함과 창조주에 대한 경외심을 키우며, 부모 형제에 대한 사랑의 마음이 쑥쑥 자랄 것이다.

음악

음악을 즐기게 하라

아이에 대한 부모의 욕심은 악기를 다루는 음악교육 분야에서도 자주 드러난다. 공부 잘 하는 것 못지않게, 피아노나 바이올린 등도 제법 그럴싸하게 다룰 줄 아는 사람이 되길 기대하는 마음이 너무 앞서 오히려 부작용도 많다. 부모의 기대치가 너무 앞서는 바람에 자녀의 기분이나 행복은 뒤로 밀리기 일쑤다.

아이의 음악 등 예체능 교육도 항상 중요하지만, 먼저 고려할 것은 행복이다. 그 자체로 즐겁고 재미있어야 한다. 잘하고 못하고의 결과에 마음쓰기보다는, 음악을 즐기고 스스로 하고자 하는 과정과 동기 부여가 늘 우선이다. 그러므로 음악 교육을 시키고자 하는 부모는 자녀와의 소통과 이해가 중요하다.

아이들은 원래 음악을 좋아한다. 음악이야말로 사람의 감정을 영혼과 신체로 전달하는 가장 원초적이고 효과적인 매개이며, 다른 사람들에게 기쁨을 주는 가장 놀라운 커뮤니케이션이다. 경쾌한 음악은 사람의 기분을 좋게 하며, 반대로 구슬픈 노래는 사람의 마음을 숙연케 한다. 느리고 편안한 선율은 마음을 안정시키나, 빠른 템포의 리듬은 흥분을 일으킨다. 아이들은 입으로 부르는 노래와 악기를 통해 나오는 소리로 말미암아 정서적 반향을 일으키고 몸을 움직이며 춤도 춘다. 음악이야말로 아이들의 감성을 키우고 영향을 주는 가장 강력한 요소다.

일상에서 늘 가까이하며 즐기는 음악 활동이 아이에게 주는 선한 영향력은 참으로 많다. 음악은 우리 아이의 감성을 아름답게 하며, 훌륭한 사람으로 자라기에 큰 영향력을 끼친다. 음악은 인간의 신체 변화 리듬과 유사하여, 우리 몸을 조화롭게 하는데 기여한다. 기이하게도 감정을 통제하는 변연계가 청각의 뇌 바로 옆에 붙어 있어서 음악이야말로 인간의 감정을 움직이는 큰 요소다. 음악이 주는 편안함은 뇌에 좋은 자극을 줘 사람으로 하여금 의욕과 동기를 부여한다. 우리 아이들의 학습 효과를 높이는 원동력을 음악에서 얻을 수 있다. 이외에도 음악은 수학적 사고 능력 등 인간의 여러 지각 능력에도 영향을 주므로, 우리 아이를 똑똑한 사람으로 만들어 준다. 이처럼 우리 아이가 자라고 공부하는데 좋은 영향력을 끼치는 음악을 시기별로 어떻게 가르치면 좋을지 생각해 보자.

시기별 음악 지도

1. 유아기 : 잉태하여 영아기 유아기 등 4세 이전까지는 듣기만 잘 하여도 된다. 어린 아이에게 음악성은 신체의 발육처럼 가장 먼저 접하며 발달한다. 몸을 흔들면서 리듬을 익혀 나가며 음악을 처음 알아가는 시기다. 그러므로 부모는 어린 아기나 아이에게 여러 다양한 소리를 접하게 해 준다. 인간의 인위적인 사회 문화에서 나오는 것 보다는 창조적 자연생태계의 소리들을 자주 들려주고, 만들어진 노래나 음악은 단순하고 편안한 것들을 듣도록 한다.

2. 유년기 : 5~7세 시기엔 노래 부르기나 북, 실로폰 등의 악기를 치게 한다. 대부분 우리 아이들은 유치원이나 어린이집을 다니면서 이와 같은 음악활동을 활발하게 한다. 아동의 정서에 맞는 아름답고 좋은 동요들을 친구들과 함

께 불러 보고, 타악기 중심으로 주로 리듬을 익히고 표현해 보는 것이 좋다.

3. 초등학생기 : 어느정도 악보 보는 능력이 생기고 신체 발육이 이뤄져 손이나 팔의 힘을 조절할 수도 있는 시기이니, 피아노나 여러 악기들을 시작할 수 있다. 그래도 가장 기본이랄 수 있는 피아노는 7세 정도부터 시작하고, 현을 누르고 활을 조절해야 하는 현악기는 8세 정도에, 폐활량이 필요한 관악기는 9세 정도 이후에 도전해 볼 수 있다.

다윗은 수금에 능한 사람삼상16:16이요, 노래를 잘 부르는 이삼하23:1였다. 그는 악신이 들려 우울증에 빠져있던 사울을 수금을 켜며 위로하고 치료하였다. 사울과 요나단이 죽었을 때는 그 슬픈 감정을 노래를 지어 부를 정도로 음악 재능이 좋았다. 다윗은 그의 뛰어난 음악 실력으로 무엇보다 하나님을 찬양하며 하늘의 영광을 구하는 인생을 살았다.

우리 자녀들이 여러 분야에서 좋은 재능과 실력을 구비하듯 또한 음악적 재능도 구비하여 하늘의 하나님을 높이는 자들이 되길 소망해 본다. "호흡이 있는 자마다 여호와를 찬양할지어다. 할렐루야!"

놀이

아이 정서발달, 놀고 놀아야

학교 운동장에 노는 아이들이 안 보인다. 방과 후에도 아니 주말에도 놀이터나 운동장에 나와 뛰노는 아이들은 극히 소수다. 예전엔 골목이나 길거리에 무리를 지어 노닐던 녀석들이 항상 많았는데, 요즘의 아이들은 학원이나 PC방, 아니면 집 안 등 실내에서 거의 독자적으로 대부분의 시간을 보낸다.

오늘 우리의 잘못된 교육 풍토가 아이들을 사실상 망치고 있다. 중·고등학생도 그렇지만, 초등학생 때는 더더욱 공부보다는 놀아야 할 때이다. 이것은 결코 시간 낭비가 아니다. 하늘 창조자의 섭리이다. 어린 아이는 놀이를 통해 신체발달은 물론 인지, 정서, 사회성 등 인간으로서의 기본 요소들에 대한 기초적이고 균형 잡힌 발달을 도모하는 법이다.

어릴 땐 잘 놀아야 한다. 잘 노는 게 공부이지 않겠는가. 학원이나 실내에 아이를 구속하고 공부만 시키는 것은 아이를 오히려 망치는 일이다. 사람의 생태적 특징을 모르고 하는 짓이며 창조 섭리를 거스르는 행태다. 아이 때는 원없이 놀게 하고 동무들과 함께 잘 어울려 지내도록 배려해 주는 것이, 진정 자녀를 행복하게 하고 멋진 인생을 준비시켜 주는 일이다.

아동기 정서 발달은 특히 놀이를 통해 형성된다. 자라면서 겪는 여러 감정들을 놀이를 통해 느껴보며, 다양한 감정에 반응을 하고 체험해 보는 것이다. 허나 요즘 유치원이나 어린이집에서는 아이들에게 글자를 가르쳐 주고 수학을 지도한다. 값비싼 영어 유치원까지 성행하니 참으로 우려스럽다.

　　유대인들의 유치원은 글자도 숫자도 가르치지 않는다. 주변의 사물을 관찰하며, 그 느낌과 특징 등 자신의 생각을 그림으로 나타내게 할 뿐이다. 유대인 가정에서도 마찬가지다. 지식 공부보다는 각양 놀이를 통해 아이들을 대하고 지내게 할 뿐이다. 유대인들은 아이들이 이런 놀이를 통해서만 정서적으로 정신적으로 자라간다고 생각하며, 그런 그들이 어른이 되어서는 탁월한 지식을 갖춘 전문인으로서 세상을 리드한다.

아동기 놀이, 어떻게

　　태어나서 2~3세 정도까지는 주로 혼자 논다. 같은 또래의 다른 아이가 옆에 있어도 독자적으로만 노는 시기이다. 3~4세가 되면 비로소 다른 아이들의 놀이에 관심을 갖고, 같이 어울려 지낸다. 5~6세 정도면 더 나아가 아이들이 공동의 목표를 두고 함께 협동하며 놀이한다. 혼자서 주로 지내던 이전에 비해 자랄수록 그만큼 또래에 대한 관심이 커지고, 다른 사람과 같이 지내려는 사회적 속성이 자라간다.

　　특히 부모와의 애착심이 깊을수록 다른 아이들과 잘 어울려 논다. 다른 또래 아이들과 좋은 관계를 맺게 하는 것은 부모의 각별한 관심과 애정이 전제됨을 잊지 말아야 한다. 이를테면 너무 많은 시간을 유치원이나 어린이집에만 맡겨 두는 것은 피해야 한다. 아이는 집을 떠나 친구들과 놀다가도 일정 시간이 지나면 안정된 집과 부모를 찾기 마련이다.

　　아이들에게 장난감은 결코 좋지 않다. 마트에서 산 장난감들은 유해물질로 만들어져 아이의 몸에 매우 해롭다. 이런 장난감은 대체로 단순하고 일정해서 아이의 무한한 상상력과 창의력 발달을 오히려 저해한다. 장난감보다는 물이나 모래, 나무 등 자연 속에서 접할 수 있는 좋은 환경이 아이에게 유용하다. 도시 아파트에서 지내는 주거환경일수록 아이에게 더 나은 놀이 환경을 만들어주는 열심, 참으로 중요한 부모의 책임이다.

초등학교 아이들의 놀이는 무엇보다 스스로의 자유로운 활동에 그 매력이 클 것이다. 부모나 교사의 통제에서 벗어나 친구들끼리 어울리며 자신이 주인공으로서 마음껏 지내고 활동하는 만족감이 자라는 시기다. 이런 감정을 또래 친구들과 교류하며 나누는 가운데 기쁨과 흥분을 느끼고, 함께 살아가는 사회성도 동시에 길러진다. 일정한 규칙을 공유하고 협동심을 키우며 타인에 대한 이해와 공감능력을 키우는 것이다.

지식 중심의 교육에 내몰린 아이들은 이런 기쁨과 건강한 자의식, 주체성이 제대로 자랄 수 없다. 놀이에 대한 의욕도 없고 이렇다 할 놀아본 경험 없이 어른으로 자란다면, 몸은 성인일지라도 그 속사람은 너무도 허접스럽지 않겠는가. 21세기 글로벌 사회는 적자생존의 능력보다는 타인과 함께 더불어 살아갈 줄 아는 사람을 필요로 한다. 어릴 때 잘 놀아본 사람만이 다가오는 세상에 잘 적응하며 힘 있고 건강한 성인으로 살아갈 수 있다.

자존감

사랑받기 위해 태어난 사람

　1등을 좋아하는 우리나라는 안타깝게도 자살률에서도 단연 첫째다. 통계청 자료에 의하면 2011년 하루 평균 43명이 자기 목숨을 스스로 끊었다. 교통사고나 암 등 질병으로 인한 사망률은 하락해 가는데 자살률은 상대적으로 폭증한다. 특히 어린이와 청소년 세대의 사망원인은 자살이 압도적이다.

　과다한 학업 부담과 여러 심리적 불안 등 우리 다음세대들이 겪는 고통은 참으로 크다. 그런데 대다수가 공통적으로 지니는 이런 어려움을 끝내 견디지 못하거나, 자신의 소중한 생명을 던지는 아이들은 특별한 사례를 제외하곤 대체로 자존감이 낮은 아이들이다. 자존감의 상처를 극복할 능력이 약할수록 우울증에 빠져 들기 쉽고, 급기야 자살까지도 서슴지 않는다. 사회적, 행정적 개선과 노력도 필요하지만, 아이들 개개인이 높은 자존감을 형성하도록 어렸을 때부터 가정에서 부모가 각별히 관심 가져야한다.

　자존감, 즉 자아존중감Self-Esteem은 말 그대로 자신을 가치 있게 존중하는 마음이다. 자신이 중요한 사람이며, 능력 있고 쓸 만한 존재라는 인식을 강하게 지니는 정서다.

　자존감이 높은 아이는 배우고자 하는 열망이 강하다. 호기심과 도전의식이 강하여 끊임없이 새로운 것에 대해 열심을 낸다. 혹 실수하거나 실패하더라도 좌절하기보다는 반면교사로 삼아 다시 재도전에 나선다. 다른 사람과의 경쟁보다는 자신 스스로에게 충성하며 열심을 낼 뿐이다.

반면 자존감이 낮은 아이는 호기심이나 도전의식이 약하여 게으름 피기 일쑤다. 학습 능력도 자연히 뒤처진다. '나는 죽어도 안돼', '나는 원래 못해' 따위의 스스로에 대한 부정적, 패배적 판단이 앞서 있다. 일종의 잘못된 '낙인찍기'다.

아동의 자아존중감은 3세 정도부터 발생한다. 밥을 먹거나 옷을 입거나 세수하거나 대·소변 가리는 것 등을 일상에서 스스로 하기 시작하면서 잘 해낼 때 자신감을 갖기 시작한다. 자신의 능력과 행동에 대한 신뢰가 자존감의 중요한 기초이다.

아이 자존감을 높여주라

그러므로 아이의 자존감 형성 역시 부모의 역할이 단연 중요하고 가히 결정적이다. 자녀가 어릴 때부터 일관되고 분명한 말과 행동의 기준을 정해 주고, 그 기준 안에서 자유롭게 표현하게 한다. 가족의 소소한 일들마다 회의를 열어 참여하게 하고, 동등하게 발언하고 결정하는 등 아이로 하여금 자신에 대한 인정과 가치를 느끼게 해 보자.

5~6세가 되어 어린이집이나 유치원에 가면 자연히 다른 아이들과 함께 지내고 비교하기 시작한다. 이때가 참 중요한데 외모나 옷차림, 가방 등 소지품, 부모의 직업 같은 가정 배경 등의 비교 평가에서도 긍정적이고 좋은 자신감을 지니도록 부모가 세심히 도와줘야 한다.

초등학교에 들어가서는 더더욱 친구 관계나 학업 성적 등으로 비교하게 되니 패배적 열등감이나 잘못된 우월감이 아닌 건강한 자존감을 잘 만들어 가도록 지도하며 격려해야 한다.

중·고등 청소년기가 되면 대체로 자존감이 낮아진다. 성인으로 발돋움하는 신체적 발달이나 과도한 학업이 주어지는 우리 학교 환경의 특성 때문이다. 흔히들 수험생이 있는 집안은 숨도 죽여가면서 산다는데, 실제 민감한 청소년 자녀들을 위해 부모나 온 가족이 더 세심하게 배려하고 행복한 환경을 만들어 가야 한다.

우리 아이는 참으로 사랑받기 위해 태어난 하나님의 사람이다. 하나님은 자신에 대해 부정적인 사람도 그 마음을 바꿔 주시며 새 인생을 살게 하신다. 말에 우둔하다는 모세나 자신은 가장 작을 뿐이라는 기드온의 부정적 자아를 바꾸시며 소명을 부여하고 위대한 일꾼으로 쓰시는 하나님이다.

병아리를 부화시키겠다고 달걀 품는 아들을 이해하며 인정하는 어머니, 그 어머니의 배려가 에디슨의 자존감을 높여주고 성공적 인생, 발명왕의 삶을 살게 하였다. 하나님이 우리 아이의 마음을 만져주시고 부모가 진정으로 자녀를 대한다면 필시 더욱 튼실한 자녀로 빚어질 것이다.

3부 사람·인성

성품

성공적 인생의 터 닦기, 성품

　미국 부자들의 성공 비결을 조사했더니 1위가 정직한 성품이었다. 조지아대학의 스탠리 박사는 『백만장자 마인드』에서 30가지나 되는 그들의 성공 원인을 제시했는데, 단연 정직이 최우선이었다. 그런데 우리의 현실은 너무도 상이하다. 좋은 대학에 가고 성공할 수만 있다면 어떤 부정직도 마다하지 않는다.

　초등학교 때부터 컨닝을 예사로 하고, 학생이건 교수이건 남의 글 베끼는 걸 부끄러워하지 않는다. 나랏 일을 하겠다는 사람들이 위장전입, 탈세 투성이다. 거짓과 술수가 득세하는 우리 사회는 너무도 불행하며, 그것을 방기하고 조장하는 듯한 우리의 교육 현실은 참으로 어둡다.

　『정의란 무엇인가』로 선풍을 일으킨 마이클 샌델은 "정의로운 세상을 만드는 것은 '교육'이 아니라 '성품'이다"라 한다. 한국 사회를 변화시키고 교육을 바꾸는 출발점은 영, 수 지식 중심에서 성품 교육으로 전환하는 일부터다. '먼저 사람이 되라'는 말처럼, 인성 교육을 중요하게 여기고 훈련하는 일이 가정과 학교에서 이뤄져야 한다. 어릴 때 좋은 성품으로 훈련된 아이가 공부도 잘하고 실력도 잘 키우리라 믿는다. 좋은 성품으로 무장한 세대들이 이 세상도 옳게 바꾸는 법이다.

　아이 성품훈련의 책임은 가정의 부모에게 주어졌다. 성경은 자녀를 기를 뿐만 아니라 훈육하라고 한다. "마땅히 행할 길을 아이에게 가르치라. 그리하면 늙어도 그것을 떠나지 아니하리라." 잠22:6 훈육은 변화

시킨다는 말이다. 사람은 모태에서부터 죄인으로 태어나기에 예수 안에서 새사람이 되고, 하나님의 거룩한 자로 변화하도록 거듭거듭 훈육해야한다.

성경을 암송하고 예배하는 가정은 성품 훈련이 쉽다. 아이에게 내재한 말씀은 살아있고 능력이 있기에, 그 인격 안에 효과적으로 영향을 미친다. 아이를 가르쳐야 할 부모 역시 불완전한 인격체이기에 하나님 말씀의 권위를 힘입는 것이 참으로 좋고 아이도 쉽게 받아들인다.

똑똑한 아이보다 성품 좋은 아이로

성품을 연구하고 교육하는 단체는 사람이 평생 갖추어야 할 성품의 기준과 방법을 제시한다. 경청, 자비, 창의성, 근면, 온유, 순종 등 49개에 이르는 덕목으로 된 교육과정을 개발하여 성품교육을 한다. CCC 기독홈스쿨연구소 http://cafe.naver.com/cccschool 는 가정에서 자녀의 성품 교육을 하는 부모들에게 유익한 도움을 준다.

CCC 교장 황원성은 지난 20여년 동안 가정에서 성품 교육으로 아이들을 훈육해 오고 있다. 성품 훈련을 한 지 1년이 지나자 부모에게 순종하고 다른 사람을 존중하는 아이들로 변화되었다고 말한다. 그의 세 자녀는 우리가 기대하는 매우 모범적이고 훌륭한 성품을 갖춘 인격체로 구비되어 가고 있다. 오랜 시간 부모와 함께 성경 안에서 좋은 성품으로 다져진 이 아이들은 성인이 되어 자기 삶을 스스로 개척하며 멋진 인생을 꾸리고 있다. 어느 분야에서든지 이웃과 세상을 변화시키며 선한 영향력을 끼치는 탁월한 자들로 자라 있다.

한국의 부모는 아이들이 똑똑하길 원한다. 남들보다 성적이 좋고 경쟁에서 이기길 기대한다. 그런데 상대적으로 버릇이 나쁘고 사람과 함께할 줄 모르는 것에는 너무 둔감하고 모른 체 한다.

부모들이 먼저 변해야 한다. 잘난 아이보다 성품 좋은 아이가 되길 기대하고 가르쳐야 한다. 예의 바르고 남들과 함께 협력하며 섬기는 성품의 소유자가 공부도 잘하고 실력도 뛰어나서 이 사회의 지도자가 되어야 세상을 바르게 변화시킬 수 있다.

한동대학교 입구 비석에는 'Why not change the world' 라는 말이 새겨져 있다. 소위 '입신양명'에 기운 자기중심적이고 적대적인 가치관으로 세상 권력과 부를 추구하는 자들이 지도자로 행세하는 사회는 결코 어두운 세상을 바꿀 수 없다.

남들이 아니라 우리 가정 우리 자신부터 변화되고 우리 아이의 성품을 말씀으로 바꿔야한다. 우리 가정이 용기를 내어 말씀에 순종하면 가정이 행복해지고 이 세상도 더욱 좋은 공동체로 바꿀 수 있다.

친구

자기 목숨도 내어 놓기까지

交萬人友^{교만인우}, 만 명의 친구를 사귀어 보라는 말이다. 중국 명^明 나라 때의 선비 동기창의 글에 나오는 건데, 모름지기 사람은 만 권의 책을 읽고, 만 리를 여행하고, 만 명의 친구를 사귀어 보아야 인생을 제대로 산 것이라 주장했다.

그 옛날 열 명, 백 명도 아닌 일 만 명의 친구를 사귄다는 말이 실감나지 않는다. 아날로그 시대엔 상당히 부지런하고 대단한 인사관리 능력을 지니지 않으면 어려운 일이었다. 그러나 디지털 문명을 사는 현대인들에겐 하고자 하면 어려운 것만은 아니다. 트위터나 페이스북 같은 SNS로 누구든지 남녀노소를 막론하고 일 만 명 정도가 아니라 수 백만의 사람과도 친구하자며 지내는 시대다.

사람은 태어나서 부모 형제와 관계하듯, 소년기엔 학교에서, 청장년이 되어서는 직장과 사회에서 다른 사람들을 만나고 함께 살아가는 존재다. 그러니 이왕이면 주변에 인생을 함께할 좋은 친구를 많이 사귀는 것은 중요하다. 특히 학창시절에 만난 친구일수록 세속의 이해관계에서 자유로우며 삶의 많은 것들을 진실로 공유하고 함께하는 법이니, 어린 자녀가 좋은 친구를 맺어가는 일에 부모의 세심한 배려와 노력이 필요하다.

'친구' 하면 생각나는 영화, 그저 픽션이고 재미 수준일지라도 공전의 히트를 기록한 한국영화 「친구」는 거듭 곱씹어야 한다. 성인에게도 학창시절의 우정이나 의리에 대해 뒤틀린 가치관을 심어준 것도 많으니, 실제 미성숙한 청소년기 아이들에겐 더 그렇지 아니했을까. 서로 죽이고 죽어가는 파멸적 상황에서도 제법 그럴싸한 멘트 한 마디가 포장된 영상에 힘입어 엉뚱한 우월감과 엉터리 영웅상을 강요한다.

그러므로 아이들에게 진실로 좋은 친구는 어떤 친구인지 가르쳐야 하며, 그 좋은 모델을 세상이 아닌 성경에서 제시해 줘야 한다. 내 자녀로 하여금 먼저 다른 사람들의 좋은 친구가 되도록 가르쳐야 한다. 내일의 세상을 함께 만들어 갈 멋진 동료, 동역자를 형성해 가는 것도 성경에서 찾아 가르쳐 줘야 한다.

만나면 좋은 친구는

1. 기도해 주는 친구 : 다니엘과 세 친구가 그렇다. 조국을 잃고 먼 남의 나라에 포로로 끌려간 다니엘과 세 친구. 그들의 젊은 날은 매우 우울하고 슬픈 상황이었지만, 절망하거나 포기하지 않았다. 그들은 함께 하나님 앞에서 기도하며 용기와 희망을 심고, 새로운 세상에 대한 꿈으로 손을 붙잡았던 친구들이다. 내 자녀의 친구들을 수시로 집으로 초대하여 그들이 하나님 앞에서 함께 기도하며 지내도록 지도하고 격려해 보자.

2. 사랑해 주는 친구 : 이러한 사랑은 말로 먼저 드러난다. 친구를 사랑하기에 진정한 충고를 한다. 친구의 아픈 책망은 충직으로 말미암으며,잠27:6 친구의 충성된 권면은 마치 기름과 향이 사람의 마음을 즐겁게 하듯 아름답다.잠27:9 다윗과 요나단은 참으로 사랑하는 친구의 멋진 모델이다. 특별히 왕의 자녀이면서도 진정 친구를 위해 자신

의 기득권을 다 내려놓을 줄 아는 요나단은 얼마나 멋진 친구인가! 우리 아이에게도 그런 멋진 친구가 있다면, 다윗과 같은 인생을 꾸릴 수 있다.

3. 함께하는 친구 : 살면서 겪는 여러 기쁨, 슬픔을 한결같이 공감해 주고 같이해 준다면 얼마나 좋은 친구인가! 특히 힘든 고난이 겹칠 때도 잊지 않고 찾아와 준다면 정말 좋은 친구이다. 인디언 속담에 '친구란 내 슬픔을 자기 등에 지고 가는 사람'이라 했다. 대다수 사람은 잘나고 있어 보이는 사람 곁에 몰린다. 그러나 못나고 가련한 인생들에게도 마음을 주고 삶을 나누는 자가 진실로 좋은 친구다. 세리나 죄인들에게도 친구되어 주시는 예수야말로 우리 아이의 좋은 본보기다.

4. 내일을 도모하는 친구 : 좋은 친구는 미래의 비전을 함께 공유하며 열심히 공부하고 실력을 키우는 일에 같이 애쓰며 노력한다. "철이 철을 날카롭게 하는 것 같이 사람이 그의 친구의 얼굴을 빛나게 하느니라"잠27:17처럼, 친구는 선의의 경쟁과 협력을 통해 서로의 인생이 활짝 피도록 도와야 한다. 각자 은사가 다르고 기질도 달라서 구체적 내용과 방법은 차이가 있을지라도, 하나님나라를 심어가는 거룩한 백성 공동체로서 함께 연대하는 동역자를 만드는 일은 어린 시절부터 이뤄져야 한다.

사랑

세상 멀리하며 세상 품으며

예수님은 우리에게 두 가지 명령을 주셨다. 하나님을 사랑하며 동시에 이웃을 사랑하라마22:37~40고. 그런데 대부분 하나님 사랑은 열심 내지만, 상대적으로 이웃 사랑은 부족해 보인다. 이웃 사랑, 혹은 세상을 사랑하는 일에 마음이 있고 열심을 내지만, 때론 어렵고 혼돈스러울 때도 많다.

성경이 세상을 사랑하는 것도 같고 반대로 미워하는 것도 같은데, 이를 구분하는 지식과 이해가 부족하니, 제대로 사랑하지 못하는 게 한국 그리스도인의 현실이다. 하나님은 '세상을 사랑한다요3:16' 면서 또한 '세상을 사랑하지 말라요일3:15' 시니 전후가 어떻게 다른지 잘 구분해야 우리 가정들이, 또 사랑스런 자녀들이 옳고 바람직하게 세상을 대하며 살아갈 것이다.

그러므로 하나님의 마음을 담아 세상을 사랑하는 한편, 동시에 하나님이 미워하는 세상은 더 멀리 하며 살아가는 분변의 지혜를 우리 자녀들이 지니도록 가르쳐야 한다.

우리 자녀들이 더욱 품어야 할 세상은 하나님이 독생자를 주시기까지 사랑하는 세상이다. 멸망해 가는 세상을 건지시는 하나님의 구원은 이 땅의 모든 피조계와 사회 문화 전반을 포괄한다. 예수 그리스도 십자가 미션은 인간뿐만 아니라, 동·식물을 포함한 자연 생태계와 모든 영역의 사회공동체와 문화를 포괄한다. 이것이 교회가 불신자를 전도하고 훈련하는 것만이 아니라, 신음하며 고통받는 세상의 모든 피조계에 미션을 행해야 하는 이유다.

이 세상은 불의와 탐욕으로 얼룩져 있다. 이런 잘못된 구조와 폭력때문에 너무도 억울한 삶을 살아가는 이들이 참으로 많다. 가난과 소외로 인해 불쌍하고 힘든 인생들이 부지기수다. 같은 나라와 사회에 속하면서도 상대적 불평등과 박탈감에 신음하며 고통에 처한 자들이 넘쳐난다. 과도한 부동산 비용, 왜곡된 교육제도와 세태, 구제역 등 자연 생태계의 파괴와 재해, 불안정한 고용과 비인간적 노동시장 등등 우리 사회의 고통스런 현실은 도처에 있다. 4대강 파괴 등 막개발로 환경과 생태계의 신음 소리가 산천을 울리고 반역사적 반인륜적 행태가 비일비재한 세상이다.

이 모든 아픔을 치유하고 보듬는 사랑의 미션, 우리 교회와 그리스도인들에게 있는데 오늘 우리 한국교회는 너무 조용하며 무지하고 무책임하다. 죄의 저주아래 처한 이 세상을 누가 치유하며 손길을 펼쳐야 하는가. 마땅히 하나님의 가정과 교회가 책임을 지며, 이 거룩한 사랑의 미션을 감당하는 열심을 우리 자녀들이 지니도록 가르쳐야 한다.

세상에 대한 바른 역사의식 지녀야

또한 우리는 세상에서 육신의 정욕, 안목의 정욕, 이생의 자랑 등을 멀리해야 한다. 이를 위해 이원론과 혼합주의에 대한 분별력과 경계심이 중요하다. 그러나 우리 교회와 신자들이 잘 모르기도 하며 자기 기만적이기도 해서 많은 실수와 혼돈으로 정체성을 잃어버리고, 지극히 세속적인 인본주의에 빠져 있으니 참 안타깝다.

세속적인 가치들을 성경 말씀으로 변호하고 치장하며, 세상에서의 결과주의로 믿음의 척도마저 재단하는 세태다. 즉 성도 개개인의 성공과 교회의 성장을 온갖 인본적 세속적 열심과 방법으로 치장하면서도 거기에 믿음과 성경을 들이대는 형국이다. 우리 자녀 교육을 대하는 그리스도인 부모들도 세상 부모들과 다를 바 없지 않는가. 내 아이 성적이 뛰어나고 내 자녀가 좋은 대학에 갈 수 있다면, 성경적 가치를 떠나 세상이 추구하고 세상이 몰려가는 넓고 큰 길을 마다하지 않고 쫓아간다.

하나님의 주권보다는 성공했다는 사람의 열심과 세상의 풍요를 더 목말라 하는 모습들이 어리석다. 솔로몬과 다윗처럼, 다니엘과 요셉처럼, 하나님의 사람으로 자라 하나님께 쓰이길 기도하면서, 하나님나라의 참 일꾼의 모습보다는 양지의 권력과 명예를 더 기대하며 소원하는 게 부모들의 속내다.

세상 맘몬과 기복주의, 하나님나라와는 유리된 성공과 입신양명의 세태를 떠나야 한다. 뒤틀린 세상보다 예수의 진리와 뜻을 쫓으며, 그 일에 열심을 내고 충성하는 자로 자녀를 키워야 한다. 어렵고 손해 보는 일이 많겠지만, 바른 길, 좁은 길 택하는 자들의 올바른 결단이 바로 우리 기독교 가정의 자녀들에게 있어야 한다. 헛된 세상 멀리하고 하나님 사랑하며, 슬픈 세상을 더 품고 이웃 사랑에 충성하는 우리 그리스도인 자녀들이길 바란다.

관계성

성공과 행복의 열쇠, 인간관계

사람이 한 평생 살면서 탁월한 업적을 이루고 성공한 인생을 사는 것은 가치있다. 나아가 그 성공의 내용이 많은 사람의 찬사와 존경을 받을만한 것이라면, 참으로 훌륭한 인생일 것이다. 여러 자질이 필요하지만, 특별히 인간관계에 성공한 이들이 대체로 자신의 인생에서도 높은 성취와 좋은 결과로 이웃과 세상에 영향을 남기며 사람들의 존경을 받는다.

반기문 유엔사무총장, 그는 국내 외교부 근무 시절에 선배나 동기들보다 먼저 승진하자, 모두에게 미안함과 더불어 더 열심히 함께 노력하자는 내용의 편지를 보냈다. 마이크로소프트의 빌 게이츠, 원래 그는 변호사나 과학자가 꿈이었는데, 공동 창업자였던 폴 앨런과 탁월한 경영자 스티브 발머 등을 만나 삶이 바뀌어 컴퓨터 황제의 자리에까지 올랐다.

예수님도 하나님 앞에서는 물론 '사람' 앞에서도 사랑스러워 가시더라눅2:52고 했으니, 어렸을 때부터 남달리 인간관계를 잘 하셨나 보다. 바나바 역시 대인관계가 좋은 지도자다. 바울이 낙향하여 초야에 묻혀 아무도 관심 갖지 않을 때, 그를 찾아가 손을 내밀며 예루살렘 지도자를 만나게 해 주고, 바울이 세계 선교의 첫 주자로 왕성하게 일하도록 배려해 준 진짜 멋있는 하나님의 사람이 바나바였다.

남다른 인생을 살아가는 이들은 지식과 기술 못지않게 사람 관계를 잘한다. 실제 카네기멜론 대학이나 보스턴 대학의 오랜 연구에서도 성공은 지능이나 재능, 기술보다 사람과의 관계 능력이 훨씬 크고 중요한 것으로 드러났다. 데일 카네기는 성공의 85%가 대인관계에 있다고 했으며, 키에르케고르는 행복한 인생의 90%는 전적으로 인간관계에 있다고 했을 정도다.

이렇듯 인간관계는 성공을 움직이는 핵심 자질이다. 따라서 부모들은 자녀교육에서 수학 영어 못지않게 적절한 대인 관계 능력을 키우고 좋은 인맥을 만들어 가도록 지도해야 한다. 좋은 친구들을 많이 사귀며 훌륭한 스승들을 대하도록 어릴 때부터 많은 기회를 마련해 줘야 한다.

일의 능력보다 사람이 더 중요

붙임성이 좋은 사람보다는 그렇지 못한 사람이 더 많은 듯하다. 낯선 이에게도 서슴없이 다가가 친근하고 재미있게 말을 붙이며 관계할 줄 아는 모습은 대표적인 부러운 자질이다. 새로운 사람과의 만남을 두려워하지 않고 전도를 하고 영업을 시도하는 사람은 대인관계 지능이 뛰어난 자들이다. 정치, 종교지도자는 물론 교사나 상담가 등 주로 사람을 상대하는 이들이 갖는 공통점이다.

우리 아이의 대인관계 능력을 키우도록 사람을 상대하는 기술도 가르치고 훈련시켜야 한다. 사회 심리학자 에리히 프롬은 '사랑은 저절로 이뤄지는 것이 아니라 의지와 노력, 훈련에 의해 완성된다'고 했다. 어릴 때의 우정이나 사랑 등 노력을 기울여 스킬을 배우고 실천함으로써 인간관계 능력을 배양할 수 있다.

지식 과목을 학습하듯이 인간관계 항목도 중요한 교과에 포함하여 학습하고 훈련하는 시간을 어릴 때부터 가져야 한다. 가까이는 부모와 형제 등 가족에서 시작해서, 자라가면서 친구 등 여러 타인과의 접촉을 통해 점차 인간관계의 폭을 넓히고 그 자질을 키워 나가도록 일부러 충분한 시간을 가져야 한다. 자라는 아이의 일상에서 학원 등 지식 공부하는 시간은 줄이고, 친구들과 어울려 지내는 시간을 늘려야 할 것이다.

관계성을 기르는 기술은 말을 건네고 붙이기도 하며, 또 상대가 하는 말을 잘 듣고 함께 공감해 주기와 좋은 표정, 눈 맞춤, 몸짓, 스킨십 등이 있다. 인사 잘 하기, 공손하고 예의 바르게 말하기, 전화 응대 잘 하기는 물론, 상황과 분위기에 어울리는 말과 태도를 지닐 줄 아는 것도 필요한 스킬이다. 아이의 친구들을 집으로 초대하여 좋은 간식과 함께 즐거운 시간을 가지도록 배려하는 것도 어머니의 멋진 역할이다. 어려운 이웃을 찾아가 봉사하는 것도, 가난한 나라 아이들을 돕는 일정한 기부 습관도 좋은 관계능력의 훈련이다.

관계성은 '나' 중심 보다는 '남' 중심의 사고와 습관이다. "무엇이든지 남에 대접을 받고자 하는 대로 너희도 남을 대접하라."마7:12 이것이 기독교 윤리의 핵심이며 황금률이니 자녀들이 관계 학습에도 노력을 하게 하자.

리더십

왜 세상이 바뀌지 않는가

"그는 짐 나르는 일을 도왔고, 때로는 대변인의 사사로운 일을 맡아서 하기도 했다. 눈에 잘 띄지 않는 이 사나이는 어딘지 사람을 끄는 데가 있고, 쉽사리 사람의 마음을 사로잡는 힘이 있어서 모두가 그를 좋아했다."

『데미안』의 헤르만 헤세가 쓴 또 다른 소설,『동방순례Journey to the east』에 나오는 한 구절이다. 신비로운 순례 길에 나선 사람들의 이야기를 그린 작품인데, 주인공 '레오'에 대한 평가다. 레오는 식사 준비 등의 뒷바라지는 물론 순례단의 잡일을 도맡아 처리하고, 저녁에는 지친 순례단을 위해 노래를 불러 활기를 불어 넣는 등 온갖 궂은일을 스스럼없이 해댔다.

일행이 함께 여러 날을 지내는 동안 레오의 희생적 활동이 숨어 있는 듯 했으나, 어느 날 갑자기 레오가 사라지면서 순례단은 혼란에 빠지고, 결국 여행 자체를 포기하는 상태에 이르게 된다. 사람들은 비로소 레오가 순례단의 중요한 존재였으며 진정한 리더였음을 깨닫는다.

그린리프는 레오를 통해 '서번트 리더십Servant Leadership'을 처음 주창했다. 지금까지의 권위적이고 지시만 내리는 지도자Charisma Leadership보다 이제는 섬기는 리더, 지도자로서의 종Servant as a Leader이라는 개념을 만들었다.

인류 역사에 섬기는 리더를 말하고 몸소 실천해 보인 예수야말로 진정한 태두이다. 예수님은 자신이 온 것은 "섬김을 받으려 함이 아니요, 도리어 섬기기 위함"이라고 말씀하셨고, "크고자 하는 자는 섬기는 자라야 하며, 으뜸이고자 하는 이는 모든 사람의 종이 되어야 한다"막 10:43~45고 하셨다.

오늘날 사회 지도자뿐만 아니라 기업 경영에서도 서번트 리더십을 중요하게 요구한다. 피터 드러커는 "특히 오늘날 지식 사회에서는 기업 내 상사와 부하 사이에 구분이란 없으며, 지시와 감독이 더 이상 통하지 않는다"며, 이젠 서번트 리더십 패러다임의 시대가 도래했음을 역설한다.

모두에게 유익을 주는

뛰어난 업적을 남기는 사람을 위대한 사람이라 할 수 있다. 한 걸음 더 나아가 다른 사람도 성과를 내게 하여 모두에게 유익을 주는 이는 훌륭한 지도자다. 하나님나라에서 요구하는 지도자는 아마 후자일 것이며, 이는 섬기는 리더라야 한다. 우리 아이들이 자라면서 머리가 되고 이 사회의 지도자가 되길 어떤 부모든 기대하고 소원하나, 더욱 마음을 두고 가르쳐야 할 것은 이웃과 세상을 섬기는 삶을 살도록 하는 일이다.

훌륭한 서번트 리더가 되기 위한 가장 큰 두 요소는 사랑하는 마음과 리더로서의 전문성이다. 이웃과 세상에 대한 남다른 관심과 따뜻하고 부드러운 사랑의 인격을 쌓아야 하며, 지도자로서 문제의 원인을 파악하고 해결하는 지식과 전문적 실력을 갖춰야 한다.

예수 그리스도는 사랑의 성자였다. 질병과 귀신에 짓눌려 있는 이들을 외면하지 않으시며, 가난과 어려움에 처한 이들의 고통을 가까이 하셨다. 창조주요 구속주로서의 능력과 자질을 자신과 몇 사람만을 위하지 않고 가난한 이웃을 위해, 죄 가운데 신음하는 세상을 향해 자신의 몸과 마음을 다 내어 주시기까지 사랑하셨다.

예수님께서는 세상을 섬기고 바꾸시도록 남다른 능력이 있으셨다. 그의 말과 가르침은 사람들을 바꾸셨고, 그가 보여준 리더십은 제자들의 삶을 변화시켰다. 그의 탁월한 전문성은 사람들을 불러들이고, 교회의 기초를 이뤘으며, 이 천 년 역사의 발전과 함께 지금도 하나님 나라가 확장되게 하고 있다.

섬기는 예수상을 자녀들도 따라 배우도록 이렇게 도와주자.

첫째, 명사 초청 강의를 듣게 한다. 동시대를 살아가는 이 사회의 리더들을 초청하여 그들의 삶을 듣게 하고, 질의응답을 통해 좋은 인격적 동기부여를 꾀할 수 있다.

둘째, 책을 통한 독서학습이다. 역사 속의 인물들을 찾아 위인전, 평전을 읽고, 그들의 저작들을 읽으므로 인생의 비전을 쌓게 한다.

셋째, 실력을 키우는 훈련을 쌓는다. 동료들과 함께 새로운 일을 기획하고 시도하는 등 고난의 과정들을 통해 난제를 극복하는 힘, 문제해결 능력을 키우는 것이다. 그리스도인 가정의 우리 자녀들이 섬기는 리더들로 함께 세워져 갈 때 이 나라의 미래가 밝으며 세상을 평화의 나라로 바꿀 수 있다.

인사

인사가 만사

수 년 전 어느 대학교 총장과 인사에 관해 얘기를 나눈 적이 있다. 하루는 외부 손님이 찾아와서 하는 말이 교문에서부터 총장실까지 걸어오는 동안 인사하는 학생이 단 한 명도 없다면서, 학생들 인사교육을 부탁하더란다. 총장은 손님에게 그러겠노라고 미안하다고 말해 줬지만, 나에게는 인사 예절은 어릴 때 가정에서 교육해야지 어찌 그게 대학에서 가르칠 일이냐고 한탄 섞인 말씀을 하셨다.

이 시대의 안타까운 한 세태를 공감케 하는 일화다. 지식 공부와 성적에 연연하여 자라느냐, 정작 인간의 기본예절인 인사성도 못 갖춘 채 대학과 사회에 진입하는 우리 젊은이들이다. 청년이 되고 성인이 되었지만, 정말 중요한 사람으로서의 기본 소양은 너무도 부족한 사람 투성이다. 아무리 인성교육의 중요성을 강조해도, 실제로는 거의 무시해 온 우리 학교와 가정 교육의 현실이다.

사람은 사회적 존재이며 타인과 관계하는 상호적 존재다. 이를 구현하는 첫 매개가 바로 인사다. 한문으로 '人事'라 쓰듯이 '사람人'이 하는 '일事'이며, 사람이 마땅히 해야 하는 일이 바로 인사다. 사람이 사람과 만나 함께 지내며 일을 도모할 때 상대방을 공경하고 배려하는 예의로서 인사가 먼저 오가야, 그 다음 일도 순조롭게 진행할 수 있는 법이다.

'인사가 만사萬事'란 말도 있다. 인사를 잘 하는 것이야말로 모든 일을 다 치룬 것이나 마찬가지란 얘기다. 상대에게 절하는 인사와 어떤 역할을 맡긴다는 인사가 공교롭게도 한자까지 같다. 어떤 조직이나 단체에서든지 인사를 강조하고 인사 잘하는 이가 맡은 바 소임도 잘한다는 뜻일 것이다. 그러니 상대에게 공손하게 인사 잘하는 것이야말로 가장 중요한 덕목이다. 실제 그런 사람이나 단체가 실적도 좋고 좋은 결과를 낸다.

그럼에도 우리 세대는 물론 아이들도 인사를 잘 하지 못한다. 명색이 대학생이나 되면서 학교 외부 손님에 대해 아무도 인사할 줄 모르는 것처럼, 우리 사회 인사 예절은 너무도 엉터리다. 집에 손님이 와도 인사할 줄 모르고, 한 아파트에 살면서도 엘리베이터 안에서 서로 인사하는 법이 없다. 아이들뿐만 아니라 사실 우리 어른들부터 인사하는 게 낯설고 무심하다. 인사와 예절에 대한 각성과 훈련은 우리 부모들부터 열심을 내고 자녀들을 가르쳐야 할 일이다.

인사도 훈련이 되어야

우리 한국의 부모들은 너무 일방적이고 기계적인 인사를 강요할 때가 참 많다. 집에 오는 어른 손님에 대한 사전 정보를 전혀 주지 않고 있다가, 갑자기 인사하라고 다그치는 게 우리의 현실이다. 누구에게 왜 인사하는지도 모르고 건성으로 으레 하는 수준이니, 우리 아이들이 좋은 인사 예절을 배우지 못하면서 커 간다.

'고미안' 운동, '고맙습니다', '미안합니다', '안녕하십니까?' 로 이어지는 인사는 가장 기본이 되는 좋은 훈련의 하나다. 언제 어떤 상황에서든 진심으로 이와 같은 말을 건넬 수 있다면, 상대의 마음을 얻고 인정받을 수 있다. 이런 말과 태도를 일부러 시간을 내어 자꾸 하도록 반복 연습시키는 게 필요하다. 마치 구구단을 수 백 번 외우고 피아노

체르니를 수 천 번 치듯이, 인사도 반복해서 훈련되어 있다면 실제 어떤 상황에서든지 인사 잘 하는 아이가 될 것이다.

인사는 말을 제대로 또박또박 하는 것처럼 그 태도 또한 중요하다. 밝고 환한 미소를 짓는 표정, 상대방의 눈을 부드럽게 바라보는 시선, 또 바른 자세로 서서 적당히 허리와 고개를 숙이는 것 등을 겸해서 자꾸 훈련해야 한다. 몸과 표정이 평소에 숙달되어 있어야, 언제 어디서든 자연스럽게 상대의 호감을 일으키는 인사를 할 수 있다.

2012년 봄, 어느 대학에선 총장과 학생회가 나서서 인사 잘하는 대학 만들기 캠페인을 벌이기 시작했다. 왠지 부끄럽기 그지없는 자화상이지만, 뒤늦게라도 인사 잘하기 습관을 배우고 훈련하는 일이니 좋게 여길 일이긴 하다. 우리 가정들이 어릴 때부터 아이들에게 제대로 인사할 줄 아는 사람으로 가르치고 훈련해야 한다. 상대에 대한 예의와 배려심을 가지고 인사 잘 하는 사람들로 넘칠 때 우리 사회는 더욱 밝아지고 행복한 평화 공동체를 이뤄갈 수 있다.

집안일

집안일 돕는 게 공부다

한석봉 어머니의 교육은 일견 좋아 보이나 다시 생각해야 할 게 있다. 자식을 위해 자신은 떡 장사 일을 마다하지 않고, 자식은 오직 글 공부에만 몰두하도록 했다. 어린 나이에 집을 떠나 절에서 글씨 공부에만 매진하도록 독려했던 어머니.

오늘날 우리 부모들도 그렇다. 자식이 오직 학교와 학원만 다니며 공부에만 몰두하길 원한다. 심지어 어머니들이 사교육비를 대려고 부업 전선에 나서는 세태다. 이게 과연 우리 자녀들을 바르게 키우는 것일까?

아이에게 일을 가르치지 않는 것은 잘못된 교육이다. "너, 내일 시험있지. 다른 건 엄마가 할테니 너는 시험공부나 열심히 해." 이것은 아이를 지극히 개인적이고 이기적이게 만든다. 일과 노동, 특히 육체노동을 하찮게 여기는 잘못된 가치관을 낳는다.

어느 영화에는 이런 장면이 나온다. 초등학교 안의 여러 궂은일을 도맡아 책임지는 교직원의 모습을 아이들과 교사가 지켜본다. 이때 교사가 아이들에게 '너희들도 공부 못하면 저런 사람된다' 고 가르친다. 이는 우리 사회 뿌리깊은 차별에서 나온 엉터리 가르침이다. 마치 한석봉 어머니도 자신은 천한 떡 장사를 할 망정 자식만큼은 번듯한 선비로 키우고 싶었던 속내는 뿌리 깊은 사농공상 타령 아닌가.

이랜드의 청소하기는 잘못된 가치관과 삶을 바꾸는 훌륭한 회사 문화다. 이 회사는 그룹 총수부터 모든 직원이 자기 사무실과 책상은 물론 회사 안팎과 화장실까지 직접 다 스스로 청소하고 정리 정돈한다. 사원 모두의 이런 습성과 태도는 이랜드를 국내 굴지의 기업으로 성장하게 한 중요한 가치며 행동이다.

어릴 때 집에서부터 부모가 이런 덕목을 가르치고 훈련시켜야 한다. 자녀와 집안 일을 분담하는 것은 자녀의 자립심과 책임감을 키운다. 이는 곧 자신과 관련된 일은 깔끔하게 뒤처리하고, 정리하는 좋은 습관과 태도를 갖게 한다. 가정에서 길러진 이 습성은 학교나 사회에서도 구성원으로서의 존재감은 물론 동료에 대한 배려심으로 좋은 관계를 형성케 한다.

일하는 법을 즐겨야

어머니의 가사 일을 돕는 것은 중요한 교육이다. 몸을 움직여서 일하는 교육은 단연 가정의 일을 함께 하는 것이다. 심부름, 집안 청소, 자기 방 정리정돈, 설거지, 세탁기 돌리기와 빨래 널고 개기 등등 함께 할 가정의 일들은 수없이 많다.

많은 가사 일에 아이도 참여케 하여 일하는 법을 어릴 때부터 익히도록 지도하자. 더불어 일의 즐거움, 일의 가치, 일의 결과에 대해 예측을 하면서 해보도록 지도하면 더 좋을 것이다. '공부'도 전략과 방법을 찾아 즐겨할 때 성과가 좋듯이, '가사일'도 아이가 스스로 좋은 방법을 찾아보도록 해본다. 이는 하는 일마다 좋은 결과도 얻게 하고, 이런 습관은 성장하면서 다른 모든 분야에 유효하게 잘 적용할 수 있을 것이다. 아이에게 가사를 분담 하는 방법들을 소개하면,

1. 먼저 자기와 직접적으로 연관된 일부터 스스로 하도록 지도한다. 아침에 일어나서 자기 이불을 개고 정리하는 것

과 자기 방 청소, 그리고 자기 책상을 항상 정리 정돈케 한다.

2. 식사 후에는 자기 수저와 빈 그릇은 설거지통에 넣게 한다. 하루에 한 번저녁식사이나 주말엔 설거지까지 하게 한다. 음식물 쓰레기를 분리하고 밖에 버리는 것도 하게 한다.

3. 주말에는 세탁기도 돌리고 빨래를 널며 개는 것도 배우게 한다. 식구들이 입는 옷을 만지고 함께 쓰는 수건을 만지면서 가족에 대한 사랑과 소속감도 크게 자랄 것이다.

4. 종종 집 밖으로 심부름을 내 보내기도 한다. 이때는 아이가 어떻게 수행해야 할 지 구체적이고 정확하게 방법을 잘 제시해 줘야 한다. 자녀가 집 바깥에 나가서 다른 사람과 관계하는 가운데 책임있게 일을 완수하는 것은 참 소중한 훈련이다.

5. 가사 일을 시킬 때는 강제적이거나 비판적으로 하지 않도록 한다. 좋은 취지에 걸맞게 아이가 참여에 책임감을 갖도록 부드럽고 긍정적으로 맡긴다. 일을 수행하고 마쳤을 때는 칭찬과 격려로 보듬어줘야 한다.

칭찬

칭찬 기술, 부모부터 배워라

'말이 씨가 된다는 속담'이 있다. 어떤 말을 어떻게 하느냐에 따라 듣는 이에게 생명의 씨가 되기도 하고 그 반대가 되기도 한다. 어려서부터 생명의 말을 많이 듣고 자란다면 분명 원만하고 행복한 삶을 산다.

칭찬이야말로 자라는 아이들에겐 생명의 비타민이다. 부모가 자주 해주는 따뜻하고 사랑스런 말 한마디 한마디가 아이의 마음을 키우고 삶을 살찌운다. 성경도 "도가니는 은을 풀무는 금을, 칭찬으로 사람을 단련하느니라" 잠27:21고 말한다.

칭찬은 우리 뇌에 자극을 줘 사람으로 하여금 기분을 좋게 하고 일상에 좋은 자극을 준다. 뇌 속의 도파민Dopamine이라는 신경 물질은 다른 사람에게 칭찬을 들었을 때 순간적으로 쾌감을 주고 면역강화 물질 등의 분비를 촉진시킨다. 이는 나아가 사람으로 하여금 교감 신경을 안정시켜 몸을 편안하게 하고 기분이 좋아지도록 한다.

칭찬의 긍정적 효과는 하버드대 로젠탈Robert Rosenthal 교수의 피그말리온 효과로 밝혀졌다. 실제로는 아무런 차이가 없지만, 미리 긍정적 기대치를 가질 때 그 효과도 좋게 나타난다는 것이다. 이런 효과는 학습 현장에서도 나타나 교사의 격려를 받는 아이들일수록 자신감 등 인성과 학습 성적에도 큰 힘이 된다.

그러나 칭찬이라고 해서 다 좋은 것은 아니다. 이른바 칭찬의 역효과도 있다. 알피 콘Alfie Kohn 박사는 칭찬 혹은 벌 등으로 아이를 결코 변화시킬 수 없다고 주장한다. 그의 견해는 칭찬을 활용하는 데 있어서 제대로, 옳게 활용하지 못하는 면에 대한 지적이다. 실제 이런 사례도 우리 주위엔 참으로 많다.

칭찬은 고래도 춤추게 한다며 숱하게 칭찬과 격려를 해 줬지만, 춤추기는커녕 오히려 부정적인 과정과 결과를 낳는 아이들이 얼마나 많은가? 지난 날 천재니 영재니하며 TV를 장식했던 많은 아이들이, 자라면서는 별달리 영향력을 미치지 못하고 소리 소문 없이 사람들의 기억 속에서 사라져 버린 게 비일비재하다. 대다수가 칭찬을 잘못한 데서 온 까닭이다.

이제부터라도 우리 부모들은 아이를 제대로 칭찬할 줄 아는 마인드와 기술을 가져야 한다. 올바른 칭찬이야말로 아이의 심신을 옳게 키우기 때문이다. 진심이 담긴 칭찬, 사랑과 신뢰를 담은 따뜻한 칭찬이야말로 아이의 생각을 바꾸고 행동을 바꾼다.

제대로 칭찬하기

1. 칭찬은 구체적으로 한다. "잘한다", "멋지다"와 같은 짧은 말은 그 순간 기분만 좋게 할 뿐이다. 아이가 무엇을 어떻게 한 것이 잘한 일인지 구체적으로 길게 이유를 덧붙일 때 아이는 동기유발효과를 덤으로 지닌다. 그래서 차후에 비슷한 상황이 발생하면, 좀 더 노력을 기울이게 된다.
2. 과정을 중요하게 여긴다. 아이의 점수나 등수 등 결과에 치우친 칭찬은 좋지 못하다. 이는 결과 중심적 사고와 행동에 치중하게 할 뿐이다. 노력하며 애쓰는 중간 중간의 과정에 대해 칭찬하는 것이 아이로 하여금 더욱 선한 의욕을 부리게 한다.

3. 진심을 담아 칭찬한다. 막연하고도 으레 내뱉는 칭찬은 오히려 냉소적 반감을 낳을 수 있다. 칭찬받을 만한 상황이 있을 때 과장하거나 억지가 아니라 적절하게 마음을 담아 칭찬을 해야, 받는 아이도 진정 기쁘고 좋은 자극이 이어진다.
4. 칭찬은 물질보다는 인격적 사랑이 더 중요하다. 때론 물질적 보상이 필요하고 좋은 효과도 있다. 그러나 그것은 제한적이어야 한다. 가족의 자녀로서 또 학교의 학생으로서 인격적 정서적 자긍심을 더 세워주는 관계적 칭찬을 해야 한다.
5. 칭찬의 말을 창의적으로 잘 하도록 항상 노력하는 것도 참 중요하다. 칭찬은 매일 자주해야 하지만, 늘 다르면서도 효과적으로 할 줄 알아야 한다. 그러려면 자녀를 대하는 부모는 평소에 늘 준비하고 노력하는 창의적인 칭찬가여야 한다.

징계

'손'이 아닌 '매'로 징계하라

우리나라 아이들은 버르장머리 나쁘기로 또한 세계적이다. 음식점마다 이곳 저곳 시끄럽게 뛰어 다니는 아이들을 늘상 본다. 안타까운 건 우리 부모들이 전혀 나무라지도 가르치지도 않는다는 점이다. 공공의식에 대한 불감증은 우리 부모들부터 심각하다.

아이의 행동이 잘못되었음에도 꾸짖지 않는다면 진짜 아빠 엄마가 맞는지 자문해야 한다. 자녀를 사랑하는 부모의 가장 중요한 요소 중 하나는 단연 '징계'이기 때문이다. "자식을 사랑하는 자는 근실히 징계하느니라."잠13:24b 자식을 사랑하는 부모는 마땅히 자녀가 어릴 때부터 시의적절하게 자녀의 죄악과 잘못된 행실을 징계하고 고쳐야 한다는 것이다.

특별히 우리 부모들이 자주하는 실수는 순간적 감정에 못 이겨 아이를 폭력적으로 대하거나, 정반대로 거의 나무라질 않고 방관하는 것이다. 잘못된 인본주의적 민주주의 사고로 '회초리'에 대해 부정적으로 생각하는 것이다. 학교 현장에선 '사랑의 매'가 사라질지언정, 가정에선 부모가 '매'로 아이를 징계해야 한다. 그것이 성경의 가르침이다.

성경은 "매를 아끼는 자는 그의 자식을 미워하는 것"잠13:24이라고 혹평한다. 사람의 원죄로 말미암은 타락의 저주는 어린아이도 예외가 없다. 따라서 아이들도 어리석고 미련한 것들로 잔뜩 얽혀 있으며 그 마음의 잘못된 것을 몰아내는 것은 "징계하는 채찍"잠22:15뿐이다. 성경이 이를 단언할 정도니 부모는 이것을 늘 마음에 새겨야한다.

성경은 체벌을 지지한다. 아이가 올바르지 못한 말이나 행동을 할 때 회초리로 엉덩이를 때리는 체벌Spanking은 교육이다. 그러나 손이나 발 등 신체를 이용하여 아이를 때리는Hit 것은 폭력이다. 자녀에 대해 정당하고 효과적인 징계를 하려면 체벌과 폭력부터 명확히 구분하는 이해가 필요하다.

바울은 "자녀를 노엽게 하지 말고 주의 교훈과 훈계로 양육하라" 엡6:4고 한다. 부모의 미숙한 징계는 자칫 자녀를 노엽게 하고 부정적 결과들을 양산한다. '교훈'이란 훈련과 체벌을 동반한 책망을 뜻하고, '훈계'는 말로 하는 교훈이나 교정을 뜻한다. 우리 아이들을 말과 체벌로서 지도하고 가르쳐 그 행동을 바꾸므로, 하나님의 자녀로 성숙하도록 하는 책임은 부모에게 있다.

징계와 교정의 기술

1. 먼저 사안의 정황을 잘 파악하라. 아이의 잘못된 말이나 행동을 볼 때 부모는 순간 화가 나고 감정이 격해진다. 아이의 인격이나 성격을 거론해선 안되며, 부모가 감정을 진정하고 어떻게 해야 좋은 징계를 내릴지 잠시 판단하는 시간이 필요하다. 그 후 아이에게 왜 그러했는지를 물어보고, 사안의 잘잘못에 대한 이해와 반성이 이어지도록 한다.

2. 징계는 즉시 현장now and here에서 한다. 시간이 지나고 장소도 바뀌었는데 나중에 생각났다는 듯이 나무라선 안된다. 아이는 자신이 그때 무슨 잘못을 어떻게 했는지 잊어버린 때가 대부분이기 때문에, 오히려 반감과 분노만 생

길뿐이다.

3. 아이의 친구나 동생등 제 3자가 있는 곳에선 하지 말고 좀 떨어진 곳에 데려가서 단독으로 징계해야 한다. 다른 사람앞에서 야단 맞는 일은 누구나 큰 상처가 되니, 이또한 주의깊게 해야 한다.

4. 체벌은 신중해야 한다. 우선 아이가 잘못에 대한 심각성을 인식하고 마땅히 벌을 받아야 함을 자각케 한다. 체벌 도구나 때리는 부위는 일정해야 하며, 결코 손으로 때리지 않아야 한다. '매'로 징계하는 것은 어릴 때일수록 좋으나, 아이가 자라는 동안 결코 자주 해서는 안 된다.

5. 부부가 함께 아이를 나무라는 이중 징계는 피해야 한다. 부모 중 한 사람만 징계하고, 낮에 엄마가 야단한 것을 밤에 퇴근한 아빠가 또 야단하는 일은 없어야 한다.

6. 징계에서 가장 중요한 것은 행동의 교정이며 관계의 회복이다. 아이가 징계를 통해 잘못한 것에 책임을 지며, 올바른 태도와 행동으로 바뀌어 가는 결과를 잘 평가하는 것도 중요하다. 아이를 더 사랑으로 품어주며, 가족 구성원 간의 관계를 회복하는 것이 이어져야 함은 물론이다.

봉사

봉사와 자선도 가르쳐야

조선의 명의 허준, 그는 의원 과거 시험을 보러 가던 중 가난한 병자들을 뿌리치지 못하고 그만 지각하는 바람에, 응시도 못해 보고 낙방의 쓴 고배를 마신다. 스승 유의태는 그의 의로운 인술을 높이 여기나, 상대적으로 그렇지 않은 아들에 대해선 냉정하게 대한다.

이은성의 소설『동의보감』을 읽고 오래 전 방송국에서 드라마로 그려진「허준」을 본 사람은, 누구든지 허준을 존경하고 사랑하지 않을 수 없을 것이다. 그의 성실함과 실력, 그에 따르는 인애와 사랑의 인술을 펼치는 허준. 우리 모두는 무한한 칭찬과 더불어 우리 자녀가 그런 사람이길 기대한다.

그런데 실제로 그러할까? 세상의 욕망과 이기적 성공주의에 집착하는 부모들에게, 유의태와 같은 가치관과 삶의 태도를 기대하는 것은 어려운 일이다. 남을 더 생각하고 희생하는 다른 사람에 대해선 존경을 표하나, 자기 자식에게는 그렇게 살아야 한다고 가르치지도 요구하지도 않는다. 겉으로는 허준을 칭찬하나, 속으로는 유도지처럼 되길 원한다. 남 좋은 일하다 실패하는 인생보다는, 욕을 먹어도 합격하고 성공하는 자식이 되길 바란다. 세상 부모들뿐만 아니라, 그리스도인 부모들도 대부분 예외가 아닌 것이 참 부끄럽다.

전인 교육한답시고 어느 때부턴가 학생들이 봉사활동을 열심히 하긴 한다. 그러나 학교 성적과 대학을 진학을 위한 척도로서 최소한의 점수 따기 용도일 뿐이다. 그나마 그것으로도 교육이 되고 훈련이 되어서 다행이라 할 수 있을지 모르지만, 외려 겉치레 봉사나 가짜 확인서만 제출하는 부작용도 많은 게 사실이다.

세상을 준비하고 살아가는 한 인생으로서 우리 자녀에게 바르게 가르칠 것은 '봉사'이다. 봉사란 헬라어 '디아코니아'에서 유래한 용어로 영어로는 '서비스Service'라 한다. 여기서 봉사하는 사람이란 호칭으로 '집사' 직책이 만들어 졌다.

'봉사자'는 '식탁에서 섬기는 사람'이란 뜻이며 진정한 봉사는 댓가를 기대하지 않는다. 가장 좋은 예가 가정의 어머니다. 어머니는 늘 가족의 식탁을 준비하며 가족을 먹여 그들이 활기찬 하루를 살게 한다. 요한복음 21장에 나오는 예수님의 봉사도 그렇다. 갈릴리 바닷가의 조반에 제자들을 초청하므로, 좌절과 실의에 빠진 그들을 일으키고 새로운 비전과 사명으로 새 인생을 독려한다.

실상 자신을 위한 것

우리 자녀들도 성경적 가치를 따라 봉사하는 사람으로 훈련하며, 그 인생이 남을 위하는 삶이 되도록 가르쳐야 한다. 어릴 때부터 남을 위하는 정신을 길러주고, 실제 작게나마 꾸준히 부모와 함께 봉사활동을 해야 한다. 주변의 이웃들을 살펴보고 개인적으로든, 단체에 소속하여서든 일정하게 반복적으로 봉사활동을 해보자.

학교에서 시행하는 봉사활동도 있지만, 이는 일시적이고 성적 중심으로 그칠 뿐이기에 형식적이고 불성실하게 할 우려가 있다. 가족끼리 혹은 교회 주일학교 가정들끼리 조직화해서, 꾸준하면서도 효과적으로 도움이 필요한 곳을 찾아 봉사한다면, 봉사에 대한 의미를 갖게 하고 좋은 유익이 될 것이다.

이웃과 함께하는 봉사의 중요한 요소는 '자선'이다. 유태인들은 자선을 단지 베푸는 정도가 아니라, 더불어 살아가는 중요한 의무로 여긴다. 남에게 선물하기를 좋아하는 유태 민족에게는, 자선이란 곧 '정의'와 동일한 가치가 있기 때문이다. 기근과 재난으로 어려움을 겪는 제 3세계 아이들을 위해 구호 단체 등에 기부하는 습관을 갖도록 하는 것은 참 좋은 자선 교육이며, 하나님나라의 정의와 사랑을 배우는 좋은 훈련이다.

이처럼 봉사는 남을 위하는 일이면서도, 결국은 자신을 위하는 일이다. 사회적 약자를 돌보는 것이 봉사이며, 이웃을 돌보는 자에게 복을 주신다고 성경은 약속한다. "너희 중에 분깃이나 기업이 없는 레위인과 네 성중에 거류하는 객과 및 고아와 과부들이 와서 먹고 배부르게 하라. 그리하면 네 하나님 여호와께서 네 손으로 하는 범사에 네게 복을 주시리라."신14:29 봉사활동을 통해 이웃을 알고 배려하며 세상을 품는 지혜로운 자녀들이 많아진다면, 우리 사회의 그늘진 곳이 더 밝아지며 함께 행복해지는 세상이 더 가까워 질 것이다.

4부 지혜·지성

책읽기

세상을 바꾸는 힘, 책읽기

어릴 때부터 TV를 많이 보고 컴퓨터를 즐기는 아이는 틀림없이 공부를 못한다. 공부를 잘하려면 어릴 때 뇌가 발달해야 하는데, TV시청은 뇌 발달의 천적이기 때문이다. 몇 년 전부터 '애 봐주는 비디오'가 유행했는데, 이런 것은 매우 잘못된 결과를 아이에게 가져다준다.

워싱턴대학교 소아과 연구팀은 2007년 보고에서 TV 보는 아이들은 집중력이 떨어지고 비만 등 상당한 부작용을 낳으며, 학업성취도 역시 책을 읽은 아이들에 비해 낮다고 했다. 요즘 급증하는 ADHD^{주의력 결핍과 행동장애}는 TV시청을 많이 하는 아이일수록 발생 확률이 높다는 시애틀 어린이병원의 연구도 있다.

모든 아이는 천재적인 언어 능력을 가지고 태어난다. 그러므로 부모가 어린 아이에게 책을 읽어주고 이야기를 많이 해 줄수록 아이의 뇌는 더 긍정적이고 효과적으로 발달한다. 그러나 아이가 자랄수록 TV 등을 가까이 하는 가정환경은 아이의 천재적 뇌 능력을 오히려 감퇴시키고 소멸시킨다. 집 거실에 TV를 치우고 책장을 꾸며 아이에게 책을 읽혀야 한다. 부모도 솔선하여 책을 읽고 온 가족이 함께 독서할 때, 아이가 달라지고 학습 능력이 높아진다.

어릴 때 책을 가까이 하지 못해서 난독증에 걸리는 아이들이 많다. 시험 문제를 잘 풀지 못하고 성적이 낮은 이유는, 사실 독해 능력이 낮은 탓이다. 답은 알아도 문제를 정확히 해독하는 능력이 떨어지기 때문에, 무슨 답을 원하는 지 정확히 파악하지 못한다. 독서 능력이 학업 성취도와 밀접한 것은 당연하다. 책 읽는 사람이 공부도 잘하고 사회의 좋은 리더가 되는 법이다.

세상을 지배하는 0.1퍼센트의 지도자들의 공통점은 독서광이라는 점이다. 3형제 중 막내인 세종이 왕이 되고 현군이 된 것은, 순전히 어릴 때의 '백독백습', 즉 백 번 읽고 백 번 쓰는데서 비롯한다. 유럽을 정복한 나폴레옹의 뛰어난 전략 전술은 전쟁터까지 책을 수레로 싸들고 가서 읽는 독서습관 때문이다. 발명왕 에디슨의 무한한 아이디어는 어릴 때 디트로이트 시립도서관의 모든 서가를 순서대로 섭렵한 덕택이다. 대장정을 일으키며 중국을 새롭게 건설한 모택동의 지도력은 수많은 고전 독서에서 온 것이다. 천하제일의 책략가 제갈공명의 백전백승 지혜 역시 독서에서 얻은 것이다…

교과서 대신 인문 고전 독서

근·현대 학교교육은 150여 년 전 영국에서 시작됐다. 산업혁명으로 공장에서 숙련 노동자를 필요로 했기에, 시골 젊은이들을 도시로 불러들여 교육하는데서 비롯한 것이다. 즉, 공립학교는 청소년들에게 상관의 지시를 이해하고 기계를 돌리며 물건을 생산하는 기계 같은 일꾼을 만들기 위한 것이었다.

오늘날 아이들도 마찬가지로 학교에서 선생님이 가르쳐주는 일방적 지식을 그저 기계처럼 맹목적으로 암기한다. 모든 아이는 다 다른데, 학교에만 들어가면 다 똑같은 제품으로 균일화를 강요받는다. 창의적이고 개성 넘치는 인재로 가르치지 않고, 모두를 교과서 하나에만 맞추는 바보들로 만들어 낸다.

이반 일리히는 『학교없는 사회』에서 "학교는 사람들을 체계적으로, 그리고 근본적으로 노예로 만든다."고 했다. 일제고사와 0교시 수업, 선행 학습으로 아이들을 오히려 죽이는 우리 교육현실, 이젠 달라져야 한다. 다른 교육을 고민해야 한다. 학생들 자신이 좋아하고 스스로 잘 할 수 있는 진로가 무엇인지 찾아보는 맞춤형 교육이 절실하다. 그리고 그 중심에는 인문 고전 독서가 있다. 사회의 노예가 되지 않고 세상을 바꾸고 리드하는 인재를 만들도록 죽은 교과서는 찢어 버리고 아이들에게 동서고금의 책을 읽혀야 한다.

시카고 대학의 놀라운 발전 비결은 독서교육에 있었다. 100여 년 전만 해도 무명의 대학에 불과했는데, 1929년 로버트 허친스가 총장이 되면서 달라졌다. 모든 학생이 세계의 고전을 읽도록 강조한 '시카고 플랜'은 학생들을 탁월하고 실력 있는 지성인으로 탈바꿈 시켰다. 급기야 노벨상 왕국의 명예를 차지하며 톱클래스 명문대학으로 발돋움한 것이다.

TV 보고 스마트 폰 보느라 시간 낭비하지 말고, 우리 자라는 아이들의 '눈'이 늘 책을 향하며 자기 인생을 값지게 쌓아가도록 해야 한다. 책을 통해 인류의 위대한 유산들을 배우며 독서로 자기 인생의 멋진 꿈을 만들도록 지도해야 한다.

디베이트

유태 교육에서 배우라, 디베이트

하버드를 아이비리그를 비롯한 미국 명문대학에 거뜬히 합격하는 한국의 천재들을 볼 때마다 참 부러운 생각이 든다. 그런데 졸업을 못하고 중도 탈락하는 이들이 절반이나 될 정도로 많다는 사실은 더 놀랍다. 입학할 수 있는 실력은 갖추었으나 정작 대학 과정을 제대로 이수하지 못한다. 자기 생각을 자신 있게 말하지 못하고 대부분 디베이트로 이뤄지는 미국의 수업방식이 너무 낯설어 따라가지 못하기 때문이다. 한국 천재들이 미국학교에선 꿀 먹은 벙어리가 되고 낙제자가 되어 학교를 중퇴하는 현실, 우리 교육의 큰 허점이다.

우리나라는 유태 민족과 마찬가지로 세계에서 가장 교육열이 높다. 그런데 우리가 유태 민족에 크게 뒤지는 이유는 자녀 교육에 대한 이해와 방법의 차이에서 온다. 유태인 교육은 질문과 호기심을 자극하며 스스로 생각하는 교육을 강조한다. 교사 혹은 동료 학생과 서로 질문하고 토론하며 비판적 사고로 소통하면서, 진리를 창의적으로 함께 발견해 간다. 그러나 우리 교육 풍토는 거의 그렇지 못하고, 이 점이 우리의 상대적 약점이다.

도서관에 가보면 차이가 확연하다. 한국의 아이들은 각기 혼자서 조용히 자기 공부만 열심히 한다. 그런데 유태인들은 서로 모여 앉아 이야기하며 토론 논쟁하는 것으로 공부한다. 한국의 어머니는 아이에게 선생님 말씀 잘 들으라고 하지만, 유태인 어머니는 선생님에게 질문하라고 충고한다. 맹목적으로 잘 따라오고 시험 점수 좋은 학생만 우등생으로 여기는 우리의 교육, 질문이 많은 아이는 귀찮아하며, 왕따 취급하는 우리 교육 풍토는 오히려 글로벌 스탠다드Global Standard에 오히려 역행하는 후진적 실상이다.

학문과 지식에 대한 자신의 생각을 자신 있게 말하며 남들과 더불어 질문하고 토론, 논쟁하는 교육 방식이 유태인들을 가장 탁월한 민족으로 만들었다. 최근 우리나라에도 소개된 그들의 디베이트 교육은 단순한 토론Discussion과 다르다. 이것은 일반적 토론과 달리 정해진 형식을 따라 진행하기 때문에, 주제에 대한 찬성과 반대가 분명하다. 정해진 시간과 순서를 지키면서 자신의 견해를 명확하게 표현할 수 있어야 디베이트가 가능하다. 디베이트는 논리적 사고능력은 물론 다른 사람의 주장과 생각을 비교 이해하는 매우 중요한 훈련이다.

한국교육을 바꾸는 토론 수업

케빈 리는 현대 한국교육의 어두운 현실을 바꿀 적절한 대안으로 디베이트 학습을 강력히 소개한다. 그는 『디베이트』란 책을 통해 디베이트의 구체적 방법과 효율을 소개하고, 좋은 결과들에 대해서도 자세히 말한다. 주입식과 단순 암기에 치우친 한국교육의 실상을 지적하며, 디베이트 학습에서 대안을 마련하고, 우리 아이들을 세계가 요구하는 사람으로 가르쳐야 함을 강조한다.

말하기와 디베이트는 우리 교육을 바꾸는 일이고, 학교를 새롭게 하는 일이다. 교과서 중심의 묵독과 단순한 암기 실력으로만 모든 것을 평가하고, 우열을 가리는 지금의 교육시스템은 바뀌어야 한다. 소리 내서 책을 읽고 그것을 자기 생각으로 말하고 서로 토론하며 논쟁하는 교육이 이뤄져야 한다.

우리 아이의 말하기 교육은 사실 가정의 부모에게서 시작한다. 아이의 말을 잘 들어주는 부모여야 한다. 무조건 복종만을 강요하는 권위적 부모가 아니라, 아이의 다른 생각, 다른 의문에 대한 경청과 만족할 만한 대답을 해주는 부모여야 한다. 물론 무례하고 비도덕적인 것까지 수용하라는 말은 아니다. 아이를 이해하고 평등하게 대우하는 것과 지나친 편견과 편애로 방임하는 것은 구별해야 한다. 안타깝게도 현대 한국 부모들은 이 둘을 잘 구분하지 못한다.

학생의 학습 능력은 부모와의 대화 빈도에 비례한다. 특히 함께 식사하고 대화하는 가정의 아이들일수록 학습 자극과 언어 능력이 풍부하다는 사실이 하버드 대학의 연구로 드러났다. 그러고 보면 강남 8학군이나, 대치동 엄마가 결코 중요한 요소가 아니다. 빈부 차이가 오늘날 학습 성취의 차이로 드러난다는 이야기는 전혀 과학적이지 않다. 가난하고 교육시설이 상대적으로 열악한 시골 아이라도, 부모와 함께 밥 먹고 함께 많은 이야기를 나누는 환경의 아이들은 훨씬 좋은 결과를 낳는다. 무작정 여러 학원을 다니게 하며 사교육에 자식의 교육을 떠맡기는 것도 그만두어야 한다. 아이는 가정에서 그들의 부모가 주도적 책임을 지고 함께할 때 훨씬 더 공부도 잘하고 성공적인 사람으로 자랄 수 있다. 우리 아이에게 말하게 하고 같이 대화하라!

글쓰기

공부를 완성시키는 결론, 글쓰기

모든 공부의 완성은 글쓰기다. 독서를 통해 얻은 지식과 정보를 말하고, 상대방과 토론한 것을 글로 남기는 일이야말로 학문의 최정점에 이르는 작업이다. 글쓰기는 최고의 자기 계발 도구이다. 어떤 분야에서든 최고의 전문가라면 자신의 실력을 객관적으로 입증해야 하는데, 그 가장 보편적이고 기본적인 수단이 글이다.

글쓰기의 가장 큰 적은 논술 평가다. 평가는 더욱이 글쓰기를 싫어하게 만드는 주범이다. 아이들이 더욱더 글을 쓰고 자기 생각을 논리적으로 쓸 수 있는 실력을 갖게 하려고 논술 시험을 만들고 논술을 배우게 하지만, 오히려 역효과다. 자꾸 평가하고 비교하여 성적 처리하는 게 앞서니, 제대로 글쓰기 교육을 할 수 없다.

이상한 것은 아이들이 휴대 전화로 문자를 주고받거나, 인터넷에 댓글쓰는 것은 엄청 잘한다. 대단히 재미있어 하고, 상당한 집중력을 보인다. 문제는 이런 수준의 글쓰기는 결코 좋은 것이 아니며, 아이의 바람직한 실력과는 전혀 무관하다는 것이다. 삼가야 할 일에는 대단히 집중, 집착하는 반면, 상대적으로 자신의 이야기를 담아내는 글쓰기는 싫어하고 소홀하다. 잘못된 평가주의 때문에 글쓰기를 더 싫어하고 멀리하는 게 우리 자녀 교육의 안타까운 현실이다.

수 백 쪽 책을 한 페이지로 요약한 글을 통해 책 읽는 습관은 수박 겉 핥기 독서일 뿐이다. 마찬가지로 화려한 미사여구를 남발하고 기교

넘치는 것으로 분량 만 채우는 글짓기는 결코 좋은 글이 아니다. 자기 생각과 주장을 있는 그대로 담담하게 쓰는 정직한 글쓰기 습관을 어려서부터 길러야 진정 좋은 글을 쓸 수 있다.

그래서 빨간펜으로 지적하는 평가나 학원식 테크닉에 의존하는 글쓰기 지도는 지양해야 한다. 자신의 생각을 자유롭게 표현하는 것이 가장 중요하니, 먼저 다양하고 다르게 써내는 글에 대해 따뜻한 격려와 관심을 우선 줘야 한다. 그래야 더 즐겁고 자신 있게 글을 쓸 수 있다.

그래서 글은 특별히 '짓는' 것이 아니라 '쓰는' 것이다. 억지로 지어내는 이야기가 아니라, 있는 그대로의 느낌과 자신의 삶을 담백하게 쓰는 '글쓰기'를 우리 아이들 누구라도 할 수 있도록 해야 한다. 진실하게 글쓰는 습관이야말로 정직하고 살아있는 교육이며, 올바른 배움의 도량으로 나아가는 생명의 교육이다.

하나님의 자녀는 모두 작가

로고스 서원logosschool.co.kr은 일반인은 물론 기독 청소년들을 위한 아주 좋은 글쓰기 도장이다. 이 서원을 운영하는 김기현 목사는 그 자신이 이미 한국 최고의 기독교 작가다. 2010년에 펴낸 『글쓰는 그리스도인』은 글을 쓰고자 하는 그리스도인에게 큰 격려와 용기를 주는 착한 안내서이다. 뿐만 아니라 글쓰기의 훌륭한 교과서 같은 워크북까지 세상에 내놓았으니 글을 잘 쓰고 싶은 이들에겐 천금 같은 도우미다.

로고스 서원을 통해 지금이라도 글을 써보고 싶은 이들이 글쓰기 배움에 열심인데, 그중 청소년들을 위한 과정은 단연 탁월하다. 인터넷의 도움으로 오프라인뿐만 아니라 전국 어디에서도 온라인 과정으로 탁월한 지도를 받을 수 있으니 큰 행복이다. 그 외 얼마든지 주변에는 좋은 글쓰기 교육기관과 선생들이 있으니, 아이에게 잘 활용하도록 해보자.

김기현 목사는 모든 사람, 특히 예수 안에 새 피조물인 그리스도인은 다 글을 쓰는 '작가'여야 한다고 주장한다. 왜냐하면 하나님은 말로 세상을 창조하시고 죄인들을 구원하신 것을 글(성경)로 기록하셨기에, 그를 따르는 신자들 역시 세상을 구원하고 창조하는 사역에 말과 글로 동참해야 한다는 것이다. 글쓰기는 곧 창조행위이다. 다시 말해 인간에게 주신 하나님의 창조명령은 실상 가장 기본적인 글쓰기를 통해 시작되고 재창조가 이뤄진다.

우리 자녀들이 갖추어야 할 지성과 전문성 교육의 최종 귀결점은 글쓰기다. 독서하고 다른 사람과 이야기 하며, 자기 생각을 글로 나타내는 글쓰기야말로 전문가로서의 자질을 드러내는 일이다. 우리 아이들이 어려서부터 글쓰기를 가까이 하도록 지도해서 자신의 분야에서 실력있는 그리스도인, 세상에 선한 영향력을 끼치는 작가들로 키워내 보자.

여행

세상은 열린 학교, 길 위의 공부

독만권서 행만리로讀萬券書 行萬里路. 만 권의 책을 읽고 만 리를 여행하라는 명나라 말기 선비 동기창의 권면이다. 독서의 중요성만큼이나 여행 또한 멋진 인생의 필수 요건임을 강조한 것이다. 독서가 앉아서 하는 여행이라면 여행은 서서하는 독서이다.

여행은 아름답고 황홀하면서, 동시에 가장 총체적이고 생명력 넘치는 교육이다. 아버지와 아들이 함께 걸으며 지낸 이야기, 『길 위의 공부』에서도 팔딱 팔딱 살아 숨 쉬는 산교육을 엿볼 수 있다. 대한민국 보통 아빠와 아이가 함께 한 35일 간의 산티아고 여행은, 그 자체로 더 없이 탁월한 자녀교육이다. 매일 함께 걸으며 자연을 맛보고 사람을 만나 이야기 나누며 지낸 길 위의 시간들은 참으로 소중한 인생 공부였을 것이다.

아예 학교나 교실이 아닌 세상 곳곳을 돌아다니는 여행을 통해 삶을 배운다는 '로드스쿨러' Road Schooler란 말까지 등장했다. 구름 따라 가는 곳곳이 학교이고, 바람 따라 가는 그 삶의 현장이 교과서라 하니, 현대판 공자의 주유천하다.

실제로 고등학교 1학년을 마친 이보라 양의 『길은 학교다』는 참으로 놀랍고 대견하다. 학교를 자퇴하고 홀연 인도와 아시아 여러 나라를 8개월여 다녔다. 가는 곳마다 봉사활동을 펼치고 다른 세상의 견문을 넓히며, 만나는 여러 사람들을 통해 무궁무진한 삶의 지혜를 체험한 이야기다. 10대 청소년 여학생이 그것도 혼자서 이 모든 일들을 계획하고 진행하는 아름다운 이야기로 채워진 여행기는, 놀라움과 찬사를 낳게 하고 책을 읽는 이에게도 상당한 도전을 준다.

젊은 때에 먼 곳을 홀로 여행하는 것은 우리 문화권에선 기이하고 독특해 보여도, 사실 서양에선 보편적인 삶이다. 성년기 무렵 유태인에게 단독 여행은 일상이다. 혼자 여러 나라를 방문하여 다른 나라, 다른 사람들의 삶을 맛보고 체험한다. 다른 문화를 접하고 배우는 가운데 견문을 넓히고, 세상에 대한 이해력과 더욱 큰 꿈을 지니는 것이다.

알베르 카뮈는 "여행은 우리 마음에 있는 내면적 무대 장치를 부숴 버린다"고 했다. 나와 다른 문화와 환경을 대하면서 다른 삶의 이야기와 내용에 대한 이해를 통해, 기존의 내가 아닌 더 나은 자아를 넓혀 간다는 이야기다. 다른 것에 대한 잦은 접촉, 즉 여행을 통해서 만이 더 큰 인생을 만들며 세상에 대한 더 큰 비전을 펼쳐갈 수 있는 법이다.

부모 자녀가 함께 성장

1. 여행 잘 준비하기 : 여행 계획을 부모 아닌 자녀가 주도하도록 해야 한다. 책이나 공부를 통해 아이가 가 보고 싶은 곳, 가서 보고 듣고 해 보고 싶은 게 있을 것이니, 자녀의 생각을 앞세우는 계획은 참으로 중요하다. 부모 생각에는 턱없는 아이의 생각이나 동선이 당연히 많겠지만, 최대한 잘 반영해 준다. 경비나 여러 상황 등을 고려하여 보완할 부분만 수정해 준다면, 좋은 여행을 가족이 함께 할 수 있을 것이다. 무엇보다 여행지에 대한 사전 조사나 공부를 충분히 해야 한다. 예상하는 일정이나 내용에 대해 충분히 토론하고 계획하며 준비한다면, 훨씬 효과적으로 유

익한 여행을 할 수 있다.

2. 여행 잘 다니기 : 우리나라 사람들은 여행지에서 사진 찍기에만 몰두하는 경향이 짙다. 흔히 인증샷에만 치우쳐 정작 여행 자체의 즐거움을 잊어버리는 것이다. 명승지에 가봤다는 것으로 겉모습만 보고 바삐 지나만 다닐 게 아니라, 하나하나에 시간과 마음을 담아 오감으로 느끼고 배우는 여행이 더 의미 있고 가치 있다. 또 불편한 잠자리, 안 맞는 먹거리 등 불편하고 낯선 것들을 적극적이고 긍정적으로 대해, 이해심과 포용력 등을 키우려는 노력도 여행에서 얻는 큰 공부이다. 여행사의 잘 준비된 일정이나 환경보다는, 공정여행 등을 해 보는 것도 훨씬 보람 있고 가치 있다.

3. 여행 잘 마무리하기 : 처음 계획과 비교하여 결과를 평가하고, 글이나 사진 등의 자료를 반드시 남긴다. 여행 중 새롭게 알게 된 사실들, 남다른 경험들, 깨달음을 얻은 것들을 가족 간에 수시로 나누며, 글로 생생하게 기록한다. 여행 중에 남겼던 간략한 메모들을 여행 후 짧은 시간 내에 보다 더욱더 완성된 형태의 글들로 만들고, 사진과 함께 잘 정리해 놓으면 두고두고 좋은 추억이 될 것이다. 무엇보다 여행을 통해 삶의 지평이 더 커져가는 우리 자녀를 확인할 수 있다.

주도학습

아이 인생, 아이 스스로 살게 하라

어느 날인가, 늘 하던 대로 열강에 열강을 쏟아내며 판서하던 도중, 무심코 아이들을 돌아봤는데 갑자기 전율스런 공포감을 느꼈다. 창백하고 무기력한 표정의 지친 얼굴로 앉아있는 학생들, 전혀 강의를 듣지 못하고 그저 퀭한 눈빛을 한 채 식물 인간처럼 끝나기만을 기다리는 아이들이 너무도 불행해 보였다.

내가 이 아이들에게 가르치려는 것이 무엇인가, 회의가 들었다. 학원 교육의 실상과 허상을 자각하였다. 학원까지 와서 늦도록 책상 앞에 앉아 있지만, 오히려 효과는 없었다. 돈 낭비, 시간 낭비, 그리고 더 중요한 것은 아이들 스스로 공부하고, 자기 인생을 스스로 개척해 나가는 법을 아예 제거해 버리는 매우 불행한 길을 달려가고 있었다. 옳지 않다고 여긴 사교육 현장을 그 날로 뒤돌아 선 게 15년 여 흘렀다.

이 땅의 사교육은 예전보다 훨씬 더 커졌다. 대다수 아이들과 부모들이 공교육 외 학원이나 개인 지도 등 사교육을 당연한 일상처럼 여긴다. 그러나 분명한 것은 기대 수치보다는 오히려 부작용이 많다는 사실이다.

사교육은 장점보다는 단점이 더 많다. 성적이 좋아질 것 같지만, 일시적일뿐이다. 타율적이고 획일적인 학원 교육에 많은 시간과 돈을 투자하지만, 정작 효과는 떨어지며 오히려 의존적 습관과 태도 등 부정적 자아상이 싹틀 뿐이다.

한국교육개발원의 조사에 의하면 중1~고2 때 성적을 추적한 결과 사교육을 오래한 학생은 고학년으로 올라 갈수록 오히려 성적이 뒤처지는 것으로 밝혀졌다. 선행학습 등으로 강제적 지식 주입을 더 받은 아이일수록 자기 주도적 학습 능력은 떨어지고 이는 인생의 다른 부문에서도 의존적이고 퇴행적인 부작용으로 드러난다.

학교뿐만 아니라 학원에서마저 선생이 가르쳐 주는 대로 앉아서 그냥 듣기만 하는 수동적 태도로 매일 공부한다고 자기 실력이 느는 것은 거의 기대하기 어렵다. '오늘도 밤 10시까지 공부했어' 라는 잘못된 만족감은 사실은 엉터리 안일함이다. 자기 공부를 스스로 하지 못하고, 자기 삶을 스스로 꾸려 보지 못한다. 이런 의존적 습관은 대학에서 수강신청을 해도, 직장 입사 면접시험장에도 부모가 따라 나서서 일일이 지시하고 가르쳐야 하는 퇴행적 인생을 낳는 것이다.

자기주도학습으로 자기 실력을

부모의 한을 풀어주고 모교 명예에 이용되는 소모적 공부인생이 얼마나 많은가. 삶의 이유와 공부의 목적을 잃어버린 아이들이 생명을 내던지기까지 하는 끔찍한 시대다. 아이의 인생은 아이의 것이니, 스스로 인생을 개척하며 살도록 해줘야 한다. 학생 자신의 삶의 목표를 향한 결단과 노력으로, 즐겁고 생산성 있는 공부를 해야 한다. 남에게 의존하지 말고 자기에게 맞는 목표와 방법을 찾아 스스로 공부하도록 배려해 주자.

자기주도학습은 아이가 스스로 공부하도록 그냥 방치하는 것이 아니다. 꾸준한 멘토링과 학습 코칭을 통해 아이가 스스로 공부하는 힘을 배양해 줘야 한다. 교사 주도도 엄마 주도도 아닌 학생의 주도적 능력이 커질 때, 새로운 시대가 요구하는 글로벌 리더로 성장할 것이다.

자기주도학습을 위해선 먼저 학생 스스로에 대한 분석과 진단이 우선 나와야 한다. 거기에 맞춰 목표를 정하고 현실성 있는 계획을 세우며 실행 평가하도록 한다. 그리고 결과에 따라 계획을 새롭게 수정하고 실행하는 것을 지속, 반복하는 것이다. 실제 공부는 학원이나 사교육을 배제하고, 학교 공부시간에 집중하는 사고 전환과 노력이 중요하다. 학교 수업만으로 충분히 모든 교육을 수용할 수 있기 때문이다. 방과 후엔 스스로 적절히 복습하는 것으로 충분하며 자유로이 다양한 활동 등으로 소중한 성장기의 시간들을 풍요롭게 누리도록 해 주자.

지금은 개성과 창의성을 더 요구하는 시대다. 남다른 사고와 내용으로 새로운 것을 직접 만들어 내는 능력을 구비하려면, 자라면서부터 좋은 습관이 배어야 한다. 자기주도적으로 사고하고 스스로 학습하며 문제를 해결하는 태도는, 미래 사회가 요구하는 인재상의 필수적 자질이다. 이젠 남에게 기웃거리지 말고 홀로 책상 앞에 앉게 하라!

지혜

지혜의 두 요소, 지성과 전문성

솔로몬은 지혜로운 사람이다. 그는 지성과 전문성을 동시에 갖췄다. 즉 앎이 많고, 그 지식에 근거하여 삶의 문제를 해결하는 능력을 지닌 것이다. 한 아이를 두고 벌이는 두 여인의 송사 문제는 이 두 요소에 기초한다. 진실로 자기 아이라면 아이를 포기할망정, 반으로 나누라는 명령에는 동의할 수 없다는 모정에 대해 알았으며, 그것을 적용하여 이 곤혹스런 문제를 잘도 해결하니 솔로몬이야말로 지성과 전문성을 갖춘 참 지혜자다.

우리 교육은 너무 지식 일변도다. 많은 공부를 통해 지식을 쌓아야 하지만, 또한 지식으로 인류의 문제를 해결하는 전문성도 아이들이 지니도록 해야 한다. 우리 아이만 성적이 좋고 내 자식만 잘 되는 것 같이, 성적과 합격에 매이는 교육은 그만둬야 한다. 이웃과 사회의 어려움도 알아 배려할 줄 알며, 죄 많은 이 세상의 가난과 고통을 구원하고 생명을 일구는 일에 우리 자녀의 인생이 쓰이도록 공부도 하고 실력도 키워야 한다. 솔로몬처럼 지성과 전문성을 갖춘 지혜로운 사람으로 커야 하는 것이다.

지성은 대표적으로 가장 많은 시간을 투자하여 익히는 영역이다. 사람이 전인으로 자라는 데 지성 개발이 무엇보다 큰 비중을 차지하는 것은 사실이다. 온전한 사람으로 발전해 가는데 지성이야말로 기초적이고 체성, 감성, 관계성, 영성 등 다른 요소들에 고루 영향을 미치기 때문이다.

지성은 지식과 지능혹은 사고력 두 가지를 다 포함한다. 정보에 대한 풍부한 앎이 지식이라면, 이 지식을 바르게 사고하며 판단하여 처리할 줄 아는 정보처리 능력이 지능이다. 지식의 많음과 함께 옳게 생각할 줄 아는 사고력이 동반되어야, 온전한 지성인이라 할 수 있다. 그런 사람이 다른 관계에 선한 영향을 미치는 법이다.

그런데 우리 학교 교육의 현장엔 지식은 많은데, 상대적으로 지능이 너무 작다. 교사의 일방적 가르침과 단순 지식 습득으로 채워진 우리의 교실 풍경은 달라져야 한다. 좋은 예가 유태인의 교육 방식이다. 그들은 늘 질문하고 대답하는 것으로 공부를 한다. 그냥 교사나 남이 들려주는 정보를 듣고 마는 것이 아니라, 의문을 품고 자기 생각을 제시하며 대화와 토론의 과정을 충분히 가진다. 이런 공부습관이야말로 새로운 지식을 더하는 것과 함께 바른 판단과 옳은 사고력을 동시에 갖추는 온전한 지성으로 실력을 쌓는 것이니 유태인의 남다름이 여기에 있다.

인류 문제를 해결하는 온전한 실력

전문성은 특정 분야에 대한 남다른 능력이다. 특별히 지식정보화 사회인 21세기는 더더욱 개인만의 독특한 전문적 기술과 실력을 요구한다. 이는 종래의 'Knowhow', 'Knowwhere'는 물론 'Knowwhy'지식창조능력 까지 더해야 하는 전문성을 말한다. 요즘 유행하는 '창의력'의 다른 말이니 최근 학습의 내용과 방향도 대부분 창의성을 따지는 것이다.

창의적 전문성은 개인의 풍요롭고 행복한 인생뿐만 아니라, 하나님과 세계 역사 앞에 온전한 태도로 살게 하는 힘이 된다. 곧 하나님나라 비전에 가치를 두고 살아가는 하나님의 자녀들이, 자신이 지닌 전문적 능력을 통해 세상을 바꾸고 변화시키는 헌신적 삶을 꾸리게 하는 것이다. 개인의 문제를 넘어 다른 사람과 세상 역사와 사회의 문제에까지 참여하고 해결하는, 창의적 전문인으로 우리 아이들을 길러야 한다.

전문성을 기르려면 첫째, 자신이 좋아하고 잘하는 한 분야에 꾸준히 집중하고 실력을 배양해야 한다. 풍족한 독서와 다양한 경험으로 인류 유산을 자신의 것으로 내재화 하는 성실함은 탁월한 전문 실력을 형성케 한다. 둘째, 좋은 스승을 만나야 한다. 앞서가는 사람의 경륜과 지혜를 직접 대하며 배워야, 더욱 객관화하며 효과적으로 성장할 수 있다. 셋째, 수평적 교감의 장을 넓혀야 한다. 자신의 분야와 관련한 동역자들과의 관계에서 정보를 공유, 교류할 때 좋은 자극과 지속적인 발전이 이뤄질 수 있다.

그러고 보면 더 좋은 학교와 상급학교에 가고 싶어 하는 것은 뛰어난 지성과 탁월한 전문성을 위해서도 중요한 셈이다. 훌륭한 교사와 함께 실력을 겨룰 뛰어난 학생들이 있으며, 교육 여건이 좋은 공동체에 있을 때 개인의 발전과 성숙도 그만큼 기대할 수 있다. 우리 기독교 가정의 자녀들이 더 좋은 여건과 환경에서 참으로 하나님나라가 요구하는 지혜로운 사람으로 길러지기를 바란다.

영어

다독영어 학습으로 바꿔야

우리나라 영어 교육은 매우 효율성이 낮다. 상당한 시간과 돈을 써가며 수 십 년을 영어 학습에 힘쓰지만, 효과는 상대적으로 매우 낮다. 영어 학습에 대한 근본적 철학과 시스템에 문제가 있음을 자각하고 대안을 찾는 노력이 절실하다.

그동안의 영어 교육 시스템에 대한 문제의식과 비판으로, 최근 우리나라 상황에 맞는 대안적 영어 학습으로 '다독Extensive Reading기반 실용영어교육'이 부각되고 있다. 기존의 어떤 방법론보다 확연한 학습 능력을 일으키면서도, 지역적 환경적 차이에서 오는 영어 격차 해소와 저비용에 따른 사교육 경감 등 여러 긍정적 효과를 지닌 다독 영어 학습으로 패러다임을 바꿔야 한다.

첫째, 다독영어 학습은 외국어 학습 노출의 양을 효율적으로 증가시키는 방법이다. 언어학자들은 언어 습득을 위해서는 최소한 1만 시간이 필요하다고 한다. 그런데 우리 학생들은 영어를 배우도록 공·사교육을 통해 아무리 많은 시간을 배정해도, 중·고등 과정 중에 1천 시간을 채우기 어렵다. 절대 시수로는 여전히 영어 학습 노출이 부족하다. 우리나라 여건에서 외국어를 익히는 데 충분한 학습 시간을 갖는 방법은, 바로 많은 책을 읽도록 하는 이 학습법이다.

둘째, 영어 책을 읽는 다독영어 학습은 자기 수준에 맞으면서, 읽고 싶은 책을 자유롭게 선택하는 장점이 있다. 이는 자기주도형 학습 능력을 키우고 더불어 여타 학습에도 좋은 영향을 미친다. 획일적 집단적 수업체제에서 학습자 중심의 개인 맞춤형 교육이 가능하기에, 시·공간의 제약에서 더욱 자유로운 등 여러 면에서 교육비 절감과 학습자 중심의 교육 효과를 가져오는 이점도 따른다.

셋째, 이 학습 방법의 효과는 국내외적으로 검증되었다. 세계 최고 수준을 자랑하는 핀란드나 스위스 등 유럽 국가들에서 이미 시행하여 성공적 결과를 냈으며, 국내에서도 소위 엄마표 영어 학습 등으로 다독영어 학습의 성과를 보였다.

영어 성공은 부모에게 달려

우리는 영어를 더 잘 하고자 하는 욕심에 해외 연수, 영어 마을과 원어민 교사 확충 등 상당한 비용으로 환경을 만들었지만, 그 결과는 기대에 미치지 못했다. 다독영어 학습은 기존의 고비용 저효율 문제를 개선하여, 저비용 고효율을 낳을 매우 적실한 대안이다. 다독영어 학습으로 패러다임을 바꾸고, 잘 시행하도록 더 깊은 고민과 시스템 구축이 따라야 한다. 종래보다 훨씬 나은 영어 학습 결과가 따를 것이다.

그러므로 우리 아이가 영어를 잘 하려면, 집에서 부모의 역할이 무엇보다 크고 중요한 셈이다. 학교나 학원에 맡길 일이 아니라, 가정에서 영어 동화책을 읽어주고 또 읽도록 배려해 줄 때 좋은 효과를 거둘 수 있다. 우리 말로 된 책읽기를 통해 우리 말 사용과 학습능력 향상을 꾀할 수 있듯이, 영어로 된 책읽기를 통해서도 다른 어떤 방법보다 효과적으로 영어 실력을 구비할 수 있다.

영어를 모국어로 사용하지 않는 아이들이 영어를 배우려고 하거나 영어권 학교에 입학하면, 담당 지도교사는 한결같이 그 부모들에게 집에서 영어 책읽기를 해주라고 강권한다. 자녀가 빨리 영어 환경에 적응하는 지름길이기에 부모의 역할을 주문하는 것이다.

    원어민 발음에 대단히 집착하나 사실 상대적으로 덜 중요하다. 따지고 보면 영어는 지금 뉴욕이나 LA 정도가 아니라 세계 곳곳의 영어가 있다. 너무 파닉스에 매이는 것도 비효율이다. 상대적으로 서툴지 몰라도 부모가 직접 영어로 읽어주고 함께해 줄때, 아이들은 훨씬 더 친근감을 갖고 재미있게 따라 하며 영어를 익힐 수 있다.

    특별히 기독교 가정이라면 성경을 영어 버전으로도 자주 읽고 암송하도록 해보자. 이미 영어 성경을 달달 암송하므로 영어도 능숙하게 구사한다는 자녀들이 속출한다. 학원이니 연수니 보내지 말고, 집에서 영어 책만 꾸준히 접하는 것으로도 월등한 영어 실력을 지닐 것이다. 기존의 문제 많은 방법들에서 전환하여 다독영어 학습을 시도해 보라.

TV

영혼 파괴자, TV를 내쳐라

인류 최고의 발명품 중 하나인 TV, 허나 역설적이게도 오늘날 우리 아이들과 가정을 망치는 '바보상자', '파괴상자'다. 하나님과의 관계를 가장 방해할 뿐만 아니라, 심리적 정서적으로도 엄청난 공해를 끼치며 가정과 사회를 해체하고 파괴하면서도 엄청난 중독성이 있으니 마약이나 마찬가지다.

언젠가 유행했던 '애 봐주는 비디오'는 상대적으로 엄청난 역효과가 있음이 드러났다. 잠시라도 아이를 돌봐줄 뿐만 아니라 상상력과 창의력을 개발 시켜 준다는 것 등이 엄마들에게 상당한 호평을 받고 수요를 창출했지만, 정작 아이들의 상상력이나 창의력은 죽어 버리고 산만함과 ADHD 등 부작용이 많은 것으로 판명났다.

가정에 편안함과 휴식을 가져다주고, 좋은 정보 등 여러 유익을 가져다 줄 것이라 믿으며 대다수 사람은 매일 습관처럼 TV를 본다. 그러나 사람을 바보로 만들다 못해 가정의 대화와 관계도 빼앗아 버리는 등 여러 가지 부작용을 안겨주는 게 많다. 밤이면 으레 전혀 무감각하게 TV 앞에 앉아, TV가 전해주는 내용들에 마음과 영혼을 빼앗긴 우리 가정의 모습. 그리스도인 가정이라고 별 다를 바 없으니 참으로 세월을 낭비하는 허탄한 일이다. 하나님이 부여하신 귀한 인생을 충성스럽지 못한 일들로 소모해서야 될 말인가.

TV는 우리 아이들을 하나님께로부터 멀어지게 한다. '하나님' 대신에 "'TV'가 나의 목자시니 내게 부족함이 없다"고 말하게 한다. 현대인이 얼마나 TV를 좋아하는 지를 시편 23편으로 패러디할 정도인데, 우습게 넘길 일이 아니다. 우리 가정의 거실과 안방에 주인이 예수님인지 TV인지 심각하게 따져야 한다.

TV는 아이들을 심리적, 정서적으로 우울하게 하고 파괴시킨다. TV가 전달하는 영상들은, 건강히 자라야 할 아이들에게 부정적이고 파괴적인 현대인의 뒤틀린 욕망을 끊임없이 부추긴다. 더욱 자극적이고 반 사회적 행동을 기대하는 프로그램은, 인간으로서의 아름다운 삶의 목적과 올바른 방향을 잃어버리게 한다. 그리고 헛되고 무모한 세속적 가치와 탐욕에 온통 마음을 빼앗기고, 급기야 영혼을 파괴시키는 지경에까지 이를 정도다.

TV는 자녀들의 학습능력을 현저히 떨어뜨릴 뿐만 아니라, 정서적, 신체적, 사회적 성장과 발달에도 상당히 나쁜 결과를 가져온다. 캐나다 몬트리올 대학의 연구 결과에 의하면, 유아기 때 상대적으로 TV를 많이 본 아이들이 초등학교 고학년이 되었을 때 성적이 평균 7퍼센트나 뒤떨어진 것으로 드러났다.

신체적으로도 체력 운동에 할애하는 시간이 13퍼센트나 적은 반면, 비만도를 나타내는 체질량 지수는 5퍼센트나 높았다.

TV에 취하지 말라

TV는 아동 두뇌 발달을 저해할 뿐만 아니라, 심각한 사회적 문제를 야기한다. 사람의 상상력을 위축시키고, 아동의 정서적, 지적 능력의 정상적 발달을 막을 뿐만 아니라, 인간관계와 공동체를 파괴시킨다. TV는 매체의 성격상 끊임없이 폭력과 섹스 등 자극적 소재가 단골로 등장하며, 이런 원시적 자극에 지속적으로 노출될 때, 사람의 뇌는 조건

반사적 반응을 강요당하면서 공격적 성향이 과도하게 발달한다. 갈수록 아동과 청소년의 자살과 범죄를 조장하며 우리 사회를 파괴적으로 망치는 TV, 이젠 우리 가정에서 몰아내야 한다.

하나님 앞에서 바로 선 가정이 되길 원하고 우리 자녀들을 하나님 나라의 멋지고 훌륭한 일꾼으로 양육하길 원한다면, 우리 가정안에 있는 무의미하고 헛된 것들부터 제거해야 할 것이다. 대표적으로 거실을 차지하는 TV부터 치워 버려야 한다. 아예 집 밖으로 내다 버려야 한다. 그러면 가정에 변화가 일어나고 새로운 역사를 일으킬 수 있을 것이다.

그런데, 오늘날 미디어 문명이 급속도로 발달하여 TV 이상의 더 정교하고 세밀한 매체들이, 우리 아이들의 마음을 빼앗고 있다. 문명의 혜택을 덧입는 것도 좋지만, 상대적으로 그만큼 빼앗기고 사라져 가는 것들이 더 안타깝고 우려되는 세태다. 어른이건 아이들이건 손에 쥐어진 스마트폰에 정신이 팔려 있다. 집 안과 밖 어디에서건 시간을 초월하여 영혼을 탈취당하고 있으니, 사도바울이 오늘 이 시대 한국교회와 그리스도인 가정들에게 이렇게 충고하지 않을까 싶다. 'TV에 취하지 말라, 스마트폰 그만 쳐다봐라. 이것은 방탕한 것이다.' 엡5:18

재능

다중지능과 행복한 교육

'굼벵이도 구르는 재주가 있다'는 말은 누구든지 한 가지 이상의 재능은 있다라는 긍정적 표현이기도 하지만, 대부분 특정영역에서 멀리 있는 소외된 사람들에 대한 부정적, 혹은 체념 섞인 말이기도 하다. 특히 우리 학교 교육은 지금까지 언어와 수학을 중심으로 한 소위 '공부'라는 특정 영역만을 최고의 선이요 기준으로 삼고, 아이들을 성적순으로 매김하여 오고 있다.

이른바 IQ가 얼마나 높은 지, 시험 성적이 얼마나 높은 지를 따져서, 이 땅의 모든 아이들을 평가하고 우열을 정해 버린다. 그 기준에 의해서만 상급학교에 진학하거나 이 사회에서 우대하고 아니면 굼벵이 취급하는 식이다. 그런데 지금까지 철저히 획일적 잣대로만 사람을 판단하고 평가하던 것에서, 이제 모든 이에 대한 각기 고유하고 다양한 관점의 재능 발견과 이해를 갖게 해주는 다중지능이 발견되었다.

하버드대 교수인 하워드 가드너가 25년 전 연구하고 만들어 낸 다중지능은 지난 20세기를 독과점하던 언어 수리중심의 IQ정도가 아니라, 사람의 뇌에는 여러 개의 지능이 있다는 학설이다. 현재까지는 대체로 지능을 8개 정도로 파악하는데, 언어지능, 논리수학지능, 신체운동지능, 자연친화지능, 공간지능, 음악지능, 인간친화지능, 자아성찰지능 등이다.

사람마다 이 8가지 지능 가운데 특별히 높은 지능이 있으며, 상대적으로 낮은 지능이 있다. 2~3개의 높은 지능을 활용하는 분야의 일을 선택할 때, 효과도 높고 직업만족도도 높다. 처음부터 무작정 언어 수학 중심의 공부에만 몰입하게 할 것이 아니라, 어릴 적부터 두드러지게 높게 나타나는 지능 분야에 아이들이 집중하게 하는 것이 훨씬 효과적이고 적절한 자기 삶을 만들어나가게 하는 방법이다.

신체운동지능이 높은 아이는 스포츠 분야에, 음악지능이 높은 아이는 음악 분야에 영, 수 공부보다 더 많은 시간을 투자해야 한다. 그리고 거기서 자신의 비전과 직업을 찾도록 해야 한다. 지능이 애당초 다른데 누구나 영, 수공부에 필요이상으로 몰두하는 것은 틀린 교육이다. 다른 것을 인정하고 달리 자라야 하며, 각자 다른 삶을 추구하는 교육과 사회여야 한다.

누구에게나 주어진 은총, 재능

또한 '넌 공부 머리가 아니니 제빵 기술이나 익혀라' 따위의 사고는 비인격적이며 사농공상식의 편견이다. 한국 직장인 가운데 자기 일에 대한 만족도가 낮은 사람들은, 대체로 자기 적성과 무관한 일에 종사하는 사람들이다. 이는 개인적으로도 불행하고 사회적으로도 건강하지 못하다. 모든 것을 공부라는 획일적 틀에 다 집어넣고 학교와 사회를 형성하려했기 때문이다.

공부 잘하는 아이는 지능이 좋고, 연예 스포츠를 잘하는 아이는 재능이 좋다는 분류는 잘못된 것이다. 지능과 재능을 아이큐 시대에는 달리 썼지만, 다중지능 시대에는 똑같은 의미로 규정하는 것을 주목해야 한다. 가수 조용필도 축구선수 박지성도 학교 성적과 무관하게 지능이 높은 것이다. 그러고 보면 영리하다는 말은 몇 사람만이 아니라, 모두가 다 각각 자기 분야에서 똑같이 쓸 수 있다. 사람마다 높은 지능을 파악하고 그것을 어릴 때부터 집중하여 익히면, 그 분야에서 탁월한 사람이 될 수 있다.

하나님은 모든 사람에게 각기 고유한 은사와 달란트를 주셨다. 이를 바탕으로 각자 다른 저마다의 소질과 능력을 파악하여, 거기에 어울리는 교육과 진로 설정이 필요하다. 그리고 각기 다른 아이들의 특성을 계발하려면 지금처럼 획일적 집단적 교육을 탈피해야 한다. 다양하고 개별적인 학습자 중심의 교육이 이뤄지도록 모든 시스템과 방식을 바꿔야 한다.

지금처럼 교과서 중심의 일방적, 획일적 교육, 그리고 이를 잘 따라오는 소수의 우등생 중심으로 치우쳐 점수로 줄 세우기를 강요하는 한국 교육은 이제 그만하여야 한다. 모든 아이마다 다양성과 개별성을 존중하여, 학습자 개개인에 부합하는 다중지능 교육 체제로 전환해야 한다. 모든 아이가 다 자기에게 맞는 교육을 받으므로, 누구나 행복한 학교 교육이 이뤄져야 한다.

각기 다른 아이들에 대한 더욱 세심한 배려와 교육을 위해 가정의 부모는 물론 학교와 지역사회가 속히 대응해야 한다. 다중지능 교육을 시행하는 학교, 다중지능 도서관과 박물관, 다중지능을 이해하고 받아들이는 사회구조의 시스템 변화가 발 빠르게 이뤄져야 할 것이다.

대안교육

의무교육이 의무취학은 아니다

　의무교육은 국가 및 국민의 의무이며, 동시에 부모 및 학생의 권리인 학습권이다. 그럼에도, 대부분 우리는 전자만을 이해하여, 의무교육은 곧 의무취학으로 생각해 왔다. 다양한 교육을 받을 학생들의 권리는 애당초 없었고, 국가가 만들어 낸 획일적 제도아래 일방적 강요만 지속되는 실정이다.

　교육에 대한 획일화된 접근방식, 즉 교육=학교라는 등식을 따져 보아야 한다. 공교육 체제가 독점하는 우리 현실에서 아동들을 가르쳐 온 지금의 상황은 어떤 결과를 낳았는가? 부모가정의 목소리는 우리의 교육실정에 과연 얼마나 정당하게 반영되는가? 그동안 자라나는 세대들에 대한 국가의 교육 집행은 그 공적이 분명 상당하지만, 상대적으로 학교 교육 현실에 대한 부정적 문제도 산재해 있음은 주지의 사실이다.

　학습 부적응, 성적 경쟁과 입시 과열, 학교 폭력과 왕따 등 학교 교육의 여러 부정적 문제들로 수 만 명의 학생들이 학교를 떠난다. 이 가운데 상당수는 '탈학교'를 선포하고 홈스쿨이나 대안학교를 찾아, 더 자기에게 좋은 교육을 선택한다. 국가가 정한 학교만 다녀야 한다는 공급자 사고에서 각자에 맞는 학교를 찾는 수요자 중심의 사고가 대두된다.

　1976년 영국에서는 학부모들에 의해 교육에 관한 새로운 발상과 운동이 일어났다. 그것은 1944년에 제정된 영국의 교육법 제 36조항에 대한 남다른 해석에서 시작됐다. 그 조항은 "의무 취학 연령의 아동을 둔 학부모는, 그를 학교에 정기적으로 출석시키든지 아니면 다른 방식으로 그의 나이, 적성 및 능력에 알맞은 교육을 받도록 할 의무가 있다."라고 되어있다.

이 조항은 학부모가 자기 아이를 교육시키는 방식이 두 가지가 있음을 제시한다. 하나는 학교에 출석시키는 것이요, 다른 하나는 다른 방식으로 교육하는 것이다. 그럼에도 학부모들은 전자만 교육의 모든 것으로 알고 신봉해왔으며, 상대적으로 후자에는 전혀 무지했던 것이다. 이에 일단의 학부모들이 후자인 '아니면 다른 방식으로or otherwise'라는 조항에 눈을 뜨게 되어 의무교육과 의무취학의 다름을 발견하고, '다른 교육Education Otherwise' 운동을 전개하고 있다.

각각 다른 아이, 각각 다른 교육

1979년 미국 유타주에서는 싱거John Singer라는 사람이 경찰관의 총에 맞아 숨지는 사건이 발생했다. '의무 학교 취학법'을 어기면서 아이들을 학교에 보내지 않고, 자기 집에서 6년째 가르치며 교육하던 그를 경찰이 체포하는 과정에서 일어난 사건이다. 싱거는 학교에서 가르치는 내용이 자기의 종교적 신념과 일치하지 않다는 이유로, 아이들을 학교에 보내지 않았다. 이 사건으로 미국 전역에서 '의무교육'과 '의무취학' 개념을 다시 생각하게 되어, 홈스쿨을 합법적 교육으로 인정하게 된다.

우리나라의 교육법에서는 헌법에서 규정하는 '의무교육'을 '의무취학'으로 좁게 해석하여, 우리나라에 거주하는 모든 아동은 중학교까지 의무적으로 취학해야 한다. 따라서 아이를 가정에서 홈스쿨을 한다든지 다른 방식으로 교육을 하는 이유로 학교에 보내지 않으면, 과태료를 물도록 되어 있다. 그러나 지금 우리나라에도 학교에 가지 않는 아이들이 많이 있음에도, 교육법의 취학의무가 교육의 의무를 내세운 헌법의 취지에 완벽하게 부합하지 못하다는 이유로, 과태료를 물도록 집행한 적은 없다.

우리나라에서는 획일적 학교 교육에 대한 불신과 불만에 대한 해결책으로 대안학교가 시작되었다. 최근에는 기독교 등 특별히 종교적 사상적 신념에서 일어나는 홈스쿨, 대안학교 운동이 활성화되고 있다. 이제 정부와 교육행정, 그리고 사회적 차원에서도 대안교육에 대한 인식이 넓어지고, 합법화 되리라 본다. 별도로 조례를 통해 대안적 삶과 배움을 찾는 아이들을 지원하는 지자체의 노력들은 시대적 요청에 부응하는 좋은 사례들이다.

우리 자녀들은 각각 다 다르다. 기질과 은사가 다르기에 그들이 익혀야 할 지식과 전문성도 더 이상 획일적, 일방적이어선 안 된다. 모든 아이에 대한 맞춤형 교육으로 각자에게 교육권, 수업권을 인정하며, 나라와 사회가 모든 다양성과 기회를 줘야 한다. 교육도 민주화되어 모든 아이가 자기가 배우고 싶은 것에 열심을 내고, 좋은 지성과 남다른 전문성으로 참된 '공부'를 할 수 있는 세상을 기대해 본다.